Arthur Elias Silva Santos

Trançando CÍRIOS
NARRANDO ENCONTROS, DESCREVENDO PROCESSOS DE SUBJETIVAÇÃO

Fotocartografia
de uma devoção

Editora CRV

Arthur Elias Silva Santos

TRANÇANDO CÍRIOS, NARRANDO ENCONTROS, DESCREVENDO PROCESSOS DE SUBJETIVAÇÃO:
Fotocartografia de uma devoção

Editora CRV
Curitiba – Brasil
2022

Copyright © da Editora CRV Ltda.
Editor-chefe: Railson Moura
Diagramação e Capa: Designers da Editora CRV
Ilustração de Capa: Jéssica Modinne de Souza e Silva
Revisão: O Autor

DADOS INTERNACIONAIS DE CATALOGAÇÃO NA PUBLICAÇÃO (CIP)
CATALOGAÇÃO NA FONTE
Bibliotecária responsável: Luzenira Alves dos Santos CRB9/1506

S194

Santos, Arthur Elias Silva
    Trançando Círios, narrando encontros, descrevendo processos de Subjetivação: Fotocartografia de uma devoção / Arthur Elias Silva Santos – Curitiba: CRV, 2022.
140 p.

    Bibliografia
    ISBN Digital 978-65-251-3733-9
    ISBN Físico 978-65-251-3633-2
    DOI 10.24824/978652513633.2

    1. Psicologia Social 2. Círio de Nazaré 3. Fotografia 4. Fotocartografia 5. Processos - Subjetivação. I. Título II. Série

2022-29054   CDD 305
                                                                                  CDU 316.6

Índice para catálogo sistemático
1. Psicologia social - 302

2022
Foi feito o depósito legal conf. Lei 10.994 de 14/12/2004
Proibida a reprodução parcial ou total desta obra sem autorização da Editora CRV
Todos os direitos desta edição reservados pela: Editora CRV
Tel.: (41) 3039-6418 – E-mail: sac@editoracrv.com.br
Conheça os nossos lançamentos: **www.editoracrv.com.br**

Conselho Editorial:

Aldira Guimarães Duarte Domínguez (UNB)
Andréia da Silva Quintanilha Sousa (UNIR/UFRN)
Anselmo Alencar Colares (UFOPA)
Antônio Pereira Gaio Júnior (UFRRJ)
Carlos Alberto Vilar Estêvão (UMINHO – PT)
Carlos Federico Dominguez Avila (Unieuro)
Carmen Tereza Velanga (UNIR)
Celso Conti (UFSCar)
Cesar Gerónimo Tello (Univer .Nacional Três de Febrero – Argentina)
Eduardo Fernandes Barbosa (UFMG)
Elione Maria Nogueira Diogenes (UFAL)
Elizeu Clementino de Souza (UNEB)
Élsio José Corá (UFFS)
Fernando Antônio Gonçalves Alcoforado (IPB)
Francisco Carlos Duarte (PUC-PR)
Gloria Fariñas León (Universidade de La Havana – Cuba)
Guillermo Arias Beatón (Universidade de La Havana – Cuba)
Jailson Alves dos Santos (UFRJ)
João Adalberto Campato Junior (UNESP)
Josania Portela (UFPI)
Leonel Severo Rocha (UNISINOS)
Lídia de Oliveira Xavier (UNIEURO)
Lourdes Helena da Silva (UFV)
Luciano Rodrigues Costa (UFV)
Marcelo Paixão (UFRJ e UTexas – US)
Maria Cristina dos Santos Bezerra (UFSCar)
Maria de Lourdes Pinto de Almeida (UNOESC)
Maria Lília Imbiriba Sousa Colares (UFOPA)
Paulo Romualdo Hernandes (UNIFAL-MG)
Renato Francisco dos Santos Paula (UFG)
Rodrigo Pratte-Santos (UFES)
Sérgio Nunes de Jesus (IFRO)
Simone Rodrigues Pinto (UNB)
Solange Helena Ximenes-Rocha (UFOPA)
Sydione Santos (UEPG)
Tadeu Oliver Gonçalves (UFPA)
Tania Suely Azevedo Brasileiro (UFOPA)

Comitê Científico:

Andrea Vieira Zanella (UFSC)
Christiane Carrijo Eckhardt Mouammar (UNESP)
Edna Lúcia Tinoco Ponciano (UERJ)
Edson Olivari de Castro (UNESP)
Érico Bruno Viana Campos (UNESP)
Fauston Negreiros (UFPI)
Francisco Nilton Gomes Oliveira (UFSM)
Helmuth Krüger (UCP)
Ilana Mountian (Manchester Metropolitan University, MMU, Grã-Bretanha)
Jacqueline de Oliveira Moreira (PUC-SP)
João Ricardo Lebert Cozac (PUC-SP)
Marcelo Porto (UEG)
Marcia Alves Tassinari (USU)
Maria Alves de Toledo Bruns (FFCLRP)
Mariana Lopez Teixeira (UFSC)
Monilly Ramos Araujo Melo (UFCG)
Olga Ceciliato Mattioli (ASSIS/UNESP)
Regina Célia Faria Amaro Giora (MACKENZIE)
Virgínia Kastrup (UFRJ)

Este livro passou por avaliação e aprovação às cegas de dois ou mais pareceristas *ad hoc*.

"Na manhã do Círio, à janela, viu aquela massa meio infrene, numa espécie de Carnaval devoto, tirando a santa do seu bom sono na Sé, trazendo-a na Berlinda, como num carro que comprou de Terça-Feira Gorda. Saiu descalço, com uma perna de cera que comprou por um súbito cinismo e atirou no carro dos milagres. Aproximou-se da corda da Berlinda, mergulhando na agitação que puxava o carro sagrado. Julgava ver a imagem levada unicamente pelos bêbados, marujos e estivadores na cauda da multidão como nos ranchos de momo. Aquilo o excitou, identificado no tumulto"
(Dalcídio Jurandir, Belém do Grão-Pará, p. 488).

"A profanação implica, por sua vez, uma neutralização daquilo que profana. Depois de ter sido profanado, o que estava indisponível e separado perde a sua aura e acaba restituído ao uso. Ambas as operações são políticas, mas a primeira tem a ver com o exercício do poder, o que é assegurado remetendo-o a um modelo sagrado; a segunda desativa os dispositivos do poder e devolve ao uso comum os espaços que ele havia confiscado"
(Giorgio Agamben, Profanações, p. 68).

*Dedico este livro à memória do Tio Élio, com
quem os Círios eram mais alegres.
A todos e todas que fazem do Círio de Nazaré
uma manifestação genuinamente popular.*

AGRADECIMENTOS

Agradeço à Universidade Federal do Pará pela possibilidade de continuar minha formação acadêmica.

À Coordenação de Aperfeiçoamento de Pessoal de Nível Superior (CAPES) pelo apoio por meio da concessão de bolsa de pesquisa, salutar para o desenvolvimento desta dissertação.

Ao Programa de Pós-Graduação em Psicologia da UFPA (PPGP/UFPA), em especial aos docentes pelas contribuições teóricas e metodológicas.

A minha querida co-orientadora Flávia Cristina Silveira Lemos por acreditar em mim e nesta pesquisa, por suas enriquecedoras contribuições e orientações, pelo seu carinho de mestra e compromisso ético. Sem o seu apoio essa pesquisa não seria possível.

A minha orientadora Maria Lúcia Chaves Lima pela paciência e compromisso comigo, por suas orientações e confiança no trabalho.

À Associação Fotoativa que de forma acolhedora permitiu minha entrada neste campo fundamental para a realização desta pesquisa, em especial a minha prima Adriele Silva por quem fui convidado a participar do Lab. Círio.

Aos amigos que fiz durante o processo do Lab. Círio, por nossos encontros, amizade e por suas contribuições preciosas para esta dissertação, em especial aos amigos e amigas Karina Martins, Cinthya Marques, Breno Luz Morais, Tarcízio Macedo, Allan Maués, Rodrigo José, Natan Garcia e Tatiane Costa.

Às professoras Nair Silveira, Neuza Guareschi e Tânia Galli do Programa de Pós-Graduação em Psicologia da UFGRS que com carinho me acolheram em suas aulas e na querida cidade de Porto Alegre durante a realidação de intercâmbio, e aos demais amigos queridos que fiz na cidade.

Aos meus amigos de Belém, em especial a minha amiga Mayra que sempre me brinda com seu amor e com nossas conversas esclarecedoras e terapêuticas, sobretudo, nos períodos de dificuldades com a escrita.

Aos colegas do Grupo de Estudo, Pesquisa e Extensão Transversalizando e do Grupo Inquietações por nossa produção coletiva do saber.

Ao apoio e carinho de minha família: minha mãe Rosana Silva, meu pai Elson dos Santos, minha irmã Anna Carolina Santos.

À querida amiga Priscila dos Anjos por seu carinho e amizade filosófica que me acompanham desde a entrada no mestrado.

Ao querido amigo Igor Santos, por seu carinho e amizade, por sua sabedoria e paciência que permitiram nossa permanência juntos durante os quatro meses de intercâmbio no Rio Grande do Sul.

À Francy Santos e ao Cristiano Baretta que me acolheram em sua casa no Rio Grande do Sul.

Enfim, agradeço a Deus pela possibilidade desses encontros potentes no caos da vida.

SUMÁRIO

PREFÁCIO 15
Flávia Cristina Silveira Lemos

INTRODUÇÃO 17

CAPÍTULO I
TRILHAS E PERCURSOS METODOLÓGICOS
DA PESQUISA 23
   1.1 Primeiras considerações 23
   1.2 Algumas (in)definições de (im)posturas: objeto,
      problema e objetivos 24
   1.3 O Círio de Nazaré e a produção fotográfica: uma
      proposta fotocartográfica 25
   1.4 Fotografia, fonte de pesquisa e Psicologia 34

CAPÍTULO II
FOTOGRAFIA E PRODUÇÃO HISTÓRICA DA
VERDADE: saber, poder e subjetivação 41
   2.1 Fotografia: do seu surgimento aos dias atuais –
      Alguns efeitos 47
   2.2 Fotografia e produção histórica de verdades 50
   2.3 A produção do documento visual fotográfico 54
   2.4 Arqueologia da verdade: fotografia, saberes,
      poderes e efeitos de subjetivação 57

CAPÍTULO III
CARTOGRAFIAS DO ACONTECIMENTO CÍRIO DE
NAZARÉ: fotocartografia de uma devoção 65
   3.1 O Laboratório (Lab. Círio) 65
   3.2 Primeiro Encontro 67
   3.3 A narração como proposta de vivenciar acontecimentos...72
   3.4 Segundo encontro 75
   3.5 Terceiro encontro 81
   3.6 Profanações: Círio, fotografia e carnavalidade 90
   3.7 Tecendo cordas, trançando Círios: Roda de conversa ...96

CONSIDERAÇÕES FINAIS 127

REFERÊNCIAS...131
ÍNDICE REMISSIVO 137

PREFÁCIO

Fazer um prefácio de um livro, fruto de uma dissertação de Mestrado em Psicologia é uma alegria e uma honra. Os escritos de Arthur Santos são de uma sensibilidade e analítica crítica extraordinárias, trazem um plano ético, estético e político que faz o corpo vibrar e as linhas que o performam se embaralharem. Profanar a fotografia e os enquadramentos da mesma, bem como apreciar uma cartografia de uma festa que apresenta processos de diferenciação e singularidade tão marcantes, como a do Círio de Nazaré é algo marcante e forte, surpreendente e que nos toca com profunda vitalidade em tempos tão precários.

A perspectiva experimental e que corta com um olhar caleidoscópico é um trabalho que se encontra neste livro com vigor e artesania de quem faz uma política da verdade a partir de uma prática cultural e, simultaneamente, produz um arquivo de festejo das cores, sabores, religiosidade, teatro, procissões, rezas, promessas feitas, famílias reunidas, amizades em encontro, arte em artefato e processualidade em subjetivações heterogêneas. Belém do Pará é a cidade em que esta festa se faz historicamente, recebendo pessoas de inúmeros lugares do Brasil e do mundo. O acontecimento se dá no mês de outubro de todos os anos e marca com tanta presença a vida do povo paraense que se tornou o momento mais esperado do ano na vida das pessoas que vivem na Amazônia paraense e de muitos outros lugares, que fizeram do Círio de Nazaré um lugar de acolhida.

Ao mesmo tempo, o livro de Arthur Santos traz uma crítica à mercantilização do Círio de Nazaré e aos usos da fé e da religiosidade no comércio e para o turismo religioso como empresariamento da cultura. Questiona-se a disciplina e a biopolítica, ou seja, a gestão minuciosa de submissões dos corpos a uma política de controle do tempo, do espaço, à vigilância dos olhares que enquadram a cultura e podem forjar sanções à mesma caso saia da normalização disciplinar organizada ao exame individualizante. O controle da população no festejo e na programação do Círio de Nazaré marca uma regulação do deslocamento em roteiros e datas, no mercado que faz da cultura uma mercadoria e dos grupos sociais que participam deste momento uma população a governar.

Profanar estas práticas, resistir aos controles finos disciplinares e de gestão da população em nome da vida como mercadoria é uma ousadia de Arthur Santos neste livro-artifício que impressiona pela inventividade que singulariza o que é alvo da avidez do mercado e de gestores que fazem marketing da fé e tentam silenciar a diversidade dos festejos. Por fim, os(as) leitores(as) podem encontrar neste livro a potência da cultura que resiste e faz encontros alegres como força de coletivização criativa. Que possamos apreciar e nos nutrir de singularizações intensas e da raridade desta escrita inquietante e transversal.

Flávia Cristina Silveira Lemos

INTRODUÇÃO

O objeto desta pesquisa foi o Círio de Nazaré, em uma perspectiva histórica do presente. Analisei essa manifestação popular a partir da produção fotográfica. O problema de pesquisa está assentado em perguntas, tais como: O Círio é um objeto histórico das práticas que o objetivam – neste caso – da fotografia? Como? Quais processos de subjetivação o Círio produz enquanto modos de existir, modos de viver práticas e ser, por meio dessas práticas, constituído?

A trilha metodológica esteve marcada pela pesquisa cartográfica por meio de uma narrativa inventada; pelos usos e manejos transversais de algumas ferramentas da arqueogenealogia de Michel Foucault e de operadores conceituais de Gilles Deleuze e Félix Guattari, além das contribuições da história cultural francesa, em especial, da Nova História. Na metodologia foram utilizadas: a produção fotográfica como fonte histórica primária, a roda de conversa (agenciamento diagramático na história oral) e o diário de campo da autobiografia (dispositivo de produção de si).

É importante apontar minhas implicações e sobreimplicações com essa pesquisa. Fui criado em uma família católica. Cresci vendo e participando do Círio; Eu olho, escuto e falo de um lugar. Nessas vivências, constantemente me inquietava uma característica peculiar desse evento que consiste em reunir, em um só tempo e espaço – de uma forma tão singular – elementos diversos e, aparentemente, inconciliáveis: sagrado/profano, catolicismo/paganismo, devoção/ateísmo, festa/monotonia etc. Ao ouvir os relatos das pessoas que experienciam o Círio em conversas informais, sinto-me parte desse movimento que é coletivo e individual, simultaneamente. Noto uma fala constante sobre certo "estranhamento" vivenciado por elas durante a festividade, como se fossem atravessadas por algo que parece não poder ser explicado por palavras; mistura de entusiasmo e saudade na narrativa dessas memórias que se atualizam a cada encontro com as imagens do Círio em notícias, exposições e reportagens.

Este trabalho é relevante porque apresenta uma perspectiva diferente do Círio de Nazaré, objetivado pela prática fotográfica em laboratório de produção de fotografias, promovido pela Associação FotoAtiva[1], nos meses de setembro e outubro do ano de 2014. A pesquisa

---

1   A Associação FotoAtiva descreve-se em seu site como "uma associação cultural sem fins lucrativos, de interesse público estadual e municipal, fundada em 2000. Um corpo-coletivo

foi constituída por meio da análise dessa produção, compreendida como um fazer que, por sua vez, ajuda a construir a manifestação religiosa enquanto uma ontologia do presente. É importante para a Psicologia Social, pois o trabalho busca problematizar a subjetividade forjada pela história do Círio de Nazaré em Belém do Pará (PA). As festas culturais e religiosas também fazem parte da criação de existências, das maneiras de viver, das maneiras de sentir, de pensar, de agir, dos modos como as pessoas se relacionam umas com as outras etc.

A ideia de elaborar uma pesquisa com fotografias surgiu a partir de um convite de Adriele Cristine Silva e Silva, membro da Associação FotoAtiva na época, para participar de um laboratório de produção de narrativas fotográficas do Círio, chamado Lab. Círio. Aceitei o convite como parte do processo de imersão no tema, sem imaginar que a atividade seria um dos elementos principais desta dissertação. Participei como ouvinte e, desde o início, manifestei ao grupo meus interesses de pesquisa. Posteriormente, minhas orientadoras e eu decidimos torná-lo objeto de análise como uma amostra das práticas que elaboram o Círio, dada a dimensão e importância daquele na construção do imaginário a respeito da festividade[2].

O Círio de Nazaré, em devoção a Nossa Senhora de Nazaré, é considerado a maior manifestação religiosa católica do Brasil e um dos maiores eventos religiosos do mundo. Sua principal celebração é realizada no segundo domingo de outubro, na cidade de Belém do estado do Pará (PA). O Círio é lembrado principalmente por uma grande procissão que envolve mais de dois milhões de pessoas reunidas para caminharem pelas ruas da cidade, em romaria[3], percorrendo um trajeto que vai

---

em atuação na cidade de Belém do Pará desde 1984 que propõe a fotografia e a imagem como meio de promover e desenvolver ações coletivas de reflexão, formação-educação, experimentação e pesquisa da linguagem fotográfica e seus desdobramentos". Disponível em: https://fotoativa.org.br/Quem-somos. Acesso em: 7 set. 2015.

2   Roberto da Matta (1974 *apud* ALVES, 1980) caracteriza os rituais de santo no Brasil como eventos religiosos em que há uma espécie de conciliação entre dois outros tipos de rituais: os formais, onde há um reforço/separação das regras e papéis sociais como, por exemplo, as manifestações do Dia da Pátria; e os de inversão dessas regras e papéis, a exemplo, o Carnaval. Os rituais religiosos, como as Festas de Santo, estariam entre esses dois tipos de rituais anteriores, e se caracterizariam pela neutralização/conciliação das forças presentes tanto nos rituais formais, como nos de inversão. Por esse motivo, os rituais de neutralização têm como aspecto o fato de não serem nem sagrados, nem profanos, como o caso do Círio de Nazaré, o que permite nos referirmos a esse último como uma festa ou festividade.

3   Romaria é uma viagem ou peregrinação religiosa.

da Igreja da Sé até a Basílica Santuário de Nossa Senhora de Nazaré. Porém essa procissão é apenas um dos elementos que compõem a festividade. Tais elementos e eventos serão explicitados posteriormente. O culto a Nossa Senhora de Nazaré é herança portuguesa e chegou até Belém pelo processo de colonização. Em Portugal é celebrado no dia 8 de setembro na vila de Nazaré.

Pensei em estudar os processos de subjetivação produzidos a partir dessa festividade, tomando-a não apenas como uma prática religiosa restrita aos católicos e aos núcleos da igreja, mas também e, sobretudo, como uma prática cultural e artística da população de Belém. Contudo, nas primeiras reuniões com minha orientadora, Profa. Maria Lúcia Lima, percebemos que alguns itens da dissertação não seriam possíveis pelo modo como os havia proposto. Naquele período, estava lendo a dissertação de mestrado da pesquisadora Ana Carolina Franco (2012), seu trabalho articulou os temas Mídia e Psicologia, realizando uma análise dos cadernos policiais do jornal Diário do Pará[4].

A dissertação de Carolina Franco (2012) apontou para uma problemática importante: a potencialidade da análise das imagens e da interrogação dessas práticas na produção de subjetividades, o que me abriu caminhos de intervenção analítica de fontes imagéticas. Foi assim que surgiu a inspiração para analisar a produção fotográfica e sua utilização como fonte documental em uma pesquisa no campo da Psicologia Social.

Essa proposta visa, também, traçar um panorama para a utilização da fotografia em análises documentais de pesquisas em psicologia, por se configurar, ainda, como um arranjo pouco explorado nessa área. A fotografia, quando presente nos estudos de psicologia, comumente é apresentada em quatro funções principais: registro, modelo, *feedback* e autofotografia (NEIVA-SILVA; KOLLER, 2002). Assim, ao acompanhar sua produção, dei visibilidade para os processos implicados em sua construção documental e seus efeitos de subjetivação. As conclusões que obtive permitem enxergar um potencial importante presente

---

4   Em sua dissertação, a pesquisadora elaborou uma análise cartográfica das forças políticas e econômicas da atualidade que regulamentam parte da juventude e que fundamentam as racionalidades do jornal impresso Diário do Pará na produção de notícias que tratam sobre o homicídio de jovens. Segundo Franco, essa rede de enunciados e práticas não-discursivas do jornal projetam um lugar para a juventude pobre e não escolarizada nos territórios da violência e da criminalidade. Nesse trabalho, Franco analisou as manchetes, as fotos de jovens mortos e a maneira como esses conteúdos foram dispostos no caderno do jornal, como parte da empiria da pesquisa.

na fotografia e na prática de fotografar para as pesquisas no campo da Psicologia Social.

Entendo que fotografias são realidades produzidas e, dessa forma, colaboram para engendrar subjetividades. Podem também contribuir para difundir e atualizar discursos, fortalecer padrões estéticos e apontar resistências. São utilizadas amplamente pelas mais diversas áreas de conhecimento e pouco questionadas na forma como são constituídas. São tomadas, com frequência, como simples cópia de uma realidade ou como uma representação da mesma. Fotografias não representam porque não há o que deva ser representado enquanto realidade *a priori* ou destituída da experiência humana, elas constituem realidades como parte das nossas práticas que produzem o mundo. Uma foto produz o objeto na medida em que o tematiza, apresenta-o com cores, luz, sombras, efeitos, produz um discurso sobre ele. A foto, ao ser contemplada, estabelece uma relação com o indivíduo, este, por sua vez, cria uma relação com o conteúdo trabalhado pela foto, constituindo sua subjetividade, pois

> [...] uma subjetividade é a expressão do que em nós, em nosso núcleo de subjetividade, se relaciona com as coisas, com o mundo, por isso envolve uma relação com o tempo [...]
> Dizer que a subjetividade articula-se com o tempo é, sem dúvida, uma maneira de abandonar a ideia de uma subjetividade imóvel em sua fixidez, como o ego cartesiano ou a ideia de uma subjetividade vinculada a um inconsciente onde a temporalidade está articulada a uma estrutura pulsional mais ou menos invariante, como supunha Freud (JÚNIOR, 2005, p. 345).

Barthes (2012) ao afirmar que há em toda fotografia um "retorno do morto" reifica a ideia representativa do ato de produzir imagens, sustentando o discurso de que fotografar é capturar um instante que passa, fixando a imagem de algo que não está mais lá. Com isso afirma uma qualidade passiva da fotografia, caracterizando-a como pura ação de registrar. Ora, se a fotografia fosse um "retorno do morto" seria necessário desconsiderar todo o processo de seleção e edição como etapas de sua produção, além de desprezar também a intenção com a qual se fotografa e os fins para os quais se destina. O ato de fotografar é ativo e inventivo porque uma foto, quando produzida, cria um campo de realidade ao objetificar o mundo, construindo o real por meio de enquadres que, por fim, terão seu lugar na geração de efeitos subjetivos, de padrões estéticos com a criação de regimes de visibilidade. A moldura intervém na pintura pelo subtítulo que a ela lhe acrescenta, assim como o enquadramento pode atribuir um sentido outro aquilo que é tematizado na fotografia. A palavra da língua inglesa *framed* apresenta um duplo sentido, quando utilizada em expressões diferentes. Pode significar tanto emoldurado *(framed)*, como incriminado *(framed)*, essa última conotação não difere muito do sentido da palavra da língua portuguesa "enquadrado", quando se refere ao ato criminoso. A questão é que a palavra "enquadrar", no sentido de incriminar, serve tanto para uma ação legal, como ilegal – por exemplo, quando a polícia incrimina alguém implantando provas falsas – pois o ato de enquadrar é um recorte e, também, uma forma de edição congruente com aquilo que se deseja comunicar. Desse modo o enquadre fotográfico também pode incriminar, pois é seletivo e produz sentido com o ato de fotografar (BUTLER, 2018).

Importante também pontuar que não é pretensão argumentar ou inaugurar uma nova metodologia de análise de imagens fotográficas. Em geral, entendo por metodologia um conjunto de normas e regras que visam satisfazer a um modelo científico tradicional na busca por uma sistematização de protocolos investigativos. Não se trata aqui de apresentar um modelo mais eficiente de investigação, já que não há preocupação em afirmar uma verdade universal sobre como pesquisar com imagens, mas antes observar quais verdades são apresentadas, mantidas e desconstruídas com o fotografar. Minha intenção reside mais em uma tentativa de dar pistas para a pesquisa com fotografias em psicologia não sustentada pela concepção de que fotos são capturas da realidade. Trata-se, portanto, de uma cartografia da produção de imagens fotográficas, a partir dos saberes e fazeres que atravessam tal produção, que eu chamarei de Fotocartografia.

É importante também salientar que ao propor essa pesquisa lanço olhar para a Amazônia, possibilitando abordar, estudar e problematizar aspectos sociais, culturais e políticos de uma região que costuma ficar fora do circuito de preocupações no campo da pesquisa nacional. Esse trabalho é, ainda, uma oportunidade de chamar a atenção para a potência de nossas criações, refletindo aspectos da nossa população.

Esta dissertação foi organizada em três capítulos. No Capítulo I foi exposto o caminho e as ferramentas metodológicas utilizadas; uma apresentação inicial do laboratório também consta nessa seção.

Primeiramente, discorro sobre a cartografia e a arqueogenealogia como perspectivas metodológicas para abordar a produção fotográfica do laboratório e o Círio de Nazaré como manifestação popular, cultural e religiosa. No Capítulo 2, trouxe um percurso histórico da fotografia desde os momentos iniciais de sua invenção para mostrar como essa prática constitui uma produção histórica de verdades e, deste modo, uma forma de produção do Círio de Nazaré. Aponto as maneiras pelas quais as fotos do Círio, elaboradas no laboratório da Associação FotoAtiva, são produções históricas de verdades do Círio. Por fim, no Capítulo 3, apresento minhas análises produzindo uma trama que envolve os debates ocorridos no laboratório, as anotações do diário de campo, a roda de conversa com os participantes e as fotografias produzidas por esses – juntamente com as minhas – para, assim, constituir uma Foto-cartografia do acontecimento Círio de Nazaré como experiência ético, estético e política, na cidade de Belém do Pará.

CAPÍTULO I
TRILHAS E PERCURSOS METODOLÓGICOS DA PESQUISA

1.1 Primeiras considerações

Esse capítulo objetiva apresentar os percursos escolhidos nesta pesquisa, apontando conceitos e trilhas metodológicas. O trabalho realizado, em minúcia, é descrito e articulado à apresentação de maneira a efetuar alguns recortes analíticos, tanto cartográficos quanto arqueogenealógicos, em Deleuze, Guattari e Foucault.

Se, na Psicologia, a fonte fotográfica ainda é um recurso pouco frequente em estudos produzidos em outras áreas, tais como: a Filosofia, História, Ciências Sociais, Antropologia, pesquisadores têm buscado na fotografia temas disparadores para discutir seus pensamentos e construir suas reflexões e metodologias (CASTRO, 2008; GIL, 2008). Podemos ressaltar, por exemplo, os estudos de Filosofia da Imagem e Antropologia Visual; na História ressalto os estudos iconográficos que – apesar de não tratarem e trabalharem unicamente com fotografia – trazem esse recurso como fonte de pesquisa importante. A fotografia compõe então parte deste trabalho como recurso de pesquisa do ponto de vista de sua produção[5].

Além da fotografia, também são apresentadas, como partes da metodologia que compõem este trabalho, a roda de conversa e a história cultural autobiográfica pelo diário de campo. Ambos como produção de arquivos cartográficos sobre e com o Círio, visto e forjado em perspectiva, nesta pesquisa documento, criação de arquivo, também.

Uma pesquisa sobre o Círio pelas lentes da fotografia não pode abrir mão da visibilidade como dispositivo de governo das condutas. Governar é gerir por artes variadas as maneiras de viver, sentir, pensar, agir e se relacionar; em multiplicidades de forças, entrecruzadas, sem entradas e saídas privilegiadas. Quando Deleuze (2005) aciona a cartografia pelo diagrama de forças, o faz pela apropriação de Foucault

---

5 Será explicado mais adiante como e no que consiste essa produção fotográfica tratada aqui na pesquisa.

(1999), em especial, nas definições de poder, saber e subjetivação, realizadas na problematização do panóptico[6], na sociedade contemporânea. O Círio só se constitui como saber, poder e subjetivação na medida em que engendra tempos e espaços, em uma prática concreta de regulação das imagens e circulação das mesmas. A política da verdade, desenhada como dispositivo está composta por arquivos-fotos, espelho fraturado de uma sociedade que busca a lógica imagética enquanto foco para "dizer de" e modular o ver e o falar (FOUCAULT, 1999; FOUCAULT, 2005).

Ora, o panoptismo foi analisado por Foucault (1999) como máquina óptica, ou seja, maquinaria de produção de visibilidade e vigilância. Era uma planta arquitetônica, criada por Benthan, um jurista preocupado em punir com eficácia na produção máxima a partir da mínima resistência. As malhas do panóptico possibilitam deslizamentos e contra-condutas, afinal, não há poder sem resistência e não existe saber sem poder que não esteja na coexistência com a subjetividade.

Com efeito, a fotografia é uma ferramenta acionada com e pela produção de visibilidades, múltiplas e heterogêneas. Ao mesmo tempo em que permite documentar, arquivar e preservar, também possibilita vigiar, capturar e congelar existências pelo crivo das imagens na força de captura que podem ter em termos de criação de realidades e cristalizações das mesmas, a partir da repetição de fotos enquanto técnica como já havia anotado Benjamin (2013), ao ressaltar os efeitos de banalização da vida pela era da reprodutibilidade técnica. As implicações dessa análise de Foucault e a de Benjamin para a psicologia são relevantes e devem gerar atenção dos estudiosos que desejam interrogar as imagens enquanto fonte de pesquisa, nas articulações com a subjetividade.

1.2 Algumas (in)definições de (im)posturas: objeto, problema e objetivos

O objeto desta pesquisa foi o Círio de Nazaré, analisado em uma perspectiva da história do presente. O Círio é tomado aqui como efeito de múltiplas práticas, dentre elas a fotografia. Assim, nesta pesquisa, o Círio é analisado a partir da produção fotográfica em vivências no

---

6   Panóptico é o nome dado a uma planta arquitetônica criada pelo filósofo e jurista inglês Jeremy Bentham como modelo ideal de presídio, que permite uma sensação de vigilância constante. Em *Vigiar e Punir*, Foucault analisa o trabalho de Benthan como um marco das sociedades de vigilância no final do século XVIII.

Lab. Círio. O problema de pesquisa foi formulado assentado em perguntas-problema, tais como: O Círio é um objeto histórico das práticas que o objetivam – neste caso – da fotografia? Como? Quais processos de subjetivação o Círio produz enquanto modos de existir, modos de viver práticas e ser, por meio dessas práticas, constituído?

Desse modo, o objetivo geral foi problematizar as construções do Círio de Nazaré no Laboratório de Criação em Narrativas Visuais Fotográficas (Lab. Círio). Como objetivos específicos, esta pesquisa pretendeu: a) caracterizar a produção fotográfica como forjadora de realidades; b) analisar a organização e elaboração do Lab. Círio do ano de 2014; e c) Problematizar sobre a produção fotográfica do Lab. Círio como forma de constituir o Círio de Nazaré e de invenção de si.

1.3 O Círio de Nazaré e a produção fotográfica: uma proposta fotocartográfica

Como anteriormente mencionado, o Círio de Nazaré é uma manifestação cultural, popular e religiosa que acontece durante o mês de outubro, na cidade de Belém do Pará. É composto, atualmente, por 13 procissões consideradas oficiais – Traslado dos Carros; Traslado para as cidades metropolitanas Ananindeua e Marituba; Romaria Rodoviária; Romaria Fluvial; Moto Romaria; Trasladação; Procissão do Círio de Nazaré; Ciclo Romaria; Romaria da Juventude; Romaria das Crianças; Romaria dos Corredores; Procissão da Festa e Recírio – com milhares de pessoas em culto a Nossa Senhora de Nazaré. Além das procissões, fazem parte do cronograma de eventos o Auto do Círio, a Festa da Chiquita e o Arraial de Nazaré. Essas atividades ocorrem na chamada quadra nazarena que corresponde aos 15 dias finais do mês de outubro, exceto o Arraial de Nazaré que abre, geralmente, no final de setembro. No entanto, devido à extensão dessa manifestação e, consequentemente, ao período de preparação para ela (no tempo presente) considera-se que a quadra nazarena corresponde a todo o mês de outubro.

Após essa descrição geral do Círio, retomemos a proposta desta pesquisa: analisar a Festa de Nazaré através da produção fotográfica do laboratório, apoiado na tríade: Círio – Fotografia – Subjetivação. O Lab. Círio – Laboratório de Criação em Narrativas Visuais do Círio de Nazaré – foi organizado e proposto pela Associação Fotoativa e ocorreu durante os meses de setembro a novembro de 2014. Os encontros aconteciam duas vezes por semana, às 20h, no prédio do Fórum Landi localizado no bairro da Cidade Velha em Belém.

O laboratório foi aberto ao público em geral. Seu foco principal era discutir o tema Círio com o objetivo de produzir imagens fotográficas que pudessem contá-lo (narrá-lo), evidenciando os elementos da festividade que, geralmente, são pouco difundidos. Além dos três mediadores (Allan Maués, Cinthya Marques e Rodrigo José) responsáveis pela condução dos encontros, o evento contou com a participação de quatro convidados especiais que, por tratarem do Círio como tema de seus trabalhos, estiveram presentes para compartilhar seus olhares sobre a festividade. Essas apresentações, juntamente com as discursões que surgiam ao longo dos encontros, tinham por objetivo aprofundar o tema e operar a produção de olhares que pudessem criar novas visibilidades sobre ele.

Para aquela edição do Lab. Círio (realizada em 2014) como convidados especiais presentes estiveram: o fotógrafo e coordenador do Núcleo de Fotografia do Museu da Universidade Federal do Pará – MUFPA, Patrick Pardini; o professor, carnavalesco e diretor do "Auto do Círio"[7], Miguel Santa Brígida; o poeta e professor de Estética, Filosofia da Arte e Cultura Amazônica da Universidade Federal do Pará João de Jesus Paes Loureiro; e o fotógrafo e editor do jornal Diário do Pará, Octávio Cardoso.

De modo geral, as atividades do Lab. Círio foram divididas da seguinte forma: abertura e apresentação do laboratório; discussão do tema; discussão dos projetos fotográficos[8]; saídas fotográficas; seleção e edição das imagens; e organização da exposição ao público, realizada em dois encontros extras, fora do espaço do Fórum Landi. A abertura da exposição intitulada "Instâncias da Luz" ocorreu no dia 12 de novembro de 2014, na galeria Fidanza, localizada no Museu de Arte Sacra e

---

[7] O Auto do Círio é um evento em forma de cortejo que acontece pelas ruas do Centro Histórico de Belém, sempre na sexta-feira que antecede o domingo do Círio (dia da procissão principal da festividade). Organizado pela Escola de Teatro e Dança da Universidade Federal do Pará (ETDUFPA), ocorre anualmente desde 1993 e foi proposto como forma de revitalizar o Centro Histórico por ocasião do Círio de Nazaré, contando com a participação de cerca de 500 atores e demais profissionais. Está inserido como um dos eventos da programação do Círio, registrado pelo Instituto do Patrimônio Histórico e Artístico Nacional (IPHAN) como bem imaterial atrelado à Festividade Nazarena.

[8] Após os primeiros dias de discussão do tema, os organizadores sugeriram que cada participante criassem um pequeno projeto fotográfico que consistia em eleger e compartilhar com o grupo o subtema do Círio a ser trabalhado nas saídas fotográficas, por exemplo, alguns optaram por fotografar apenas os rostos das pessoas nas romarias, outros preferiram se concentrar na Berlinda (carro com a redoma de vidro que carrega a imagem da santa) etc.

permaneceu até o dia 14 de dezembro daquele ano. Abaixo segue o calendário detalhado com as datas e as atividades elaboradas em cada encontro.

Calendário de Atividades do Lab. Círio

1º encontro 23/09: apresentação do projeto e suas perspectivas com os mediadores do laboratório Allan Maués, Cinthya Marques e Rodrigo José.

2º encontro 24/09: encontro com os convidados Patrick Pardini e Miguel Santa Brígida.

3º encontro 30/09: encontro com convidados João de Jesus Paes Loureiro e Octavio Cardoso.

4º encontro 02/10: apresentação dos projetos individuais (preparando o terreno CÍRIO 2014).

5º encontro 08/10: apresentação dos projetos individuais (preparando o terreno CÍRIO 2014).

6º encontro 16/10: relato de experiência com apresentação dos trabalhos desenvolvidos pelos participantes.

7º encontro 17/10: edição dos resultados e produção da exposição.

Obs.: Estes encontros aconteceram no Fórum Landi dentro do que previa o laboratório. Após este momento tivemos encontros de preparação/organização da exposição:

8º encontro 20/10: organização da exposição e definições sobre apoios/patrocínios/orçamentos (local: Studio 10).

9º encontro 25/10: reconhecimento do local da exposição e definição das obras presentes na mostra. (local: Galeria Fidanza/Museu de Arte Sacra).

Certa vez escutei que uma experiência se torna efetivamente importante na medida em que te permite pensar de outra forma, observar por diferentes olhares, sentir emoções jamais sentidas. Posso dizer que vivenciei todos esses estados com a experiência no laboratório. Estava quase consolidado em mim certo imaginário do Círio que, mesmo desconstruído e aberto a outras perspectivas, não se distanciava tanto das figuras, mais ou menos, sólidas que eu carregava sobre a festividade. A experiência no laboratório abriu uma brecha e possibilitou encontros com Círios que eu nunca havia conhecido. Essa prática coletiva de pensar e produzir fotografias me fez experienciar a Festa de Nossa Senhora de Nazaré através dos cenários compartilhados por meus colegas. Mas uma abertura à experiência só acontece se nos permitirmos deslocar os sentidos das grandes figuras, furtar o olhar, o tato, o paladar, a audição e o olfato das imagens consolidadas para contemplarmos as singularidades e produzirmos, talvez, outro império de sensações.

Aprendi que o olhar que fotografa não é um simples expectador ou técnico da lente e da luz. Na objetiva, acionam-se e atualizam-se valores culturais, constituem-se subjetividades e operam-se atravessamentos e aberturas, simultaneamente à prática de criar imagens de si e dos outros nas festas e nos ritos, bem como, em suas circulações, edições, distribuições e apropriações do Círio. Uma multiplicidade de objetos e subjetividades é criada em meio ao ato de fotografar e publicar as fotos, selecionar as imagens e arquivar memórias da festividade.

Foram vários os relatos, cada um apresentado conforme a vivência de quem os apresentava, pois o Círio não é um evento único, sua potência toma forma na maneira como nos deixamos ser afetados por suas forças. Por exemplo, alguns participantes ressaltaram sua força religiosa no catolicismo, porém outra participante relatou enxergar na manifestação muitos elementos da umbanda e do candomblé, via uma aproximação de Nossa Senhora de Nazaré aos orixás Oxum[9] e Oxumaré[10]. Um participante comparou a imagem da Santa Peregrina[11] à Iara, figura lendária da Amazônia. Houve, ainda, quem afirmou a força artística do Círio de Nazaré na poesia e no Auto do Círio, e um elemento de carnavalidade nas romarias assemelhando-as aos blocos de carnaval em Belém e no Rio de Janeiro, afirmação que nos fez lembrar da referência do escritor Dalcídio Jurandir ao Círio como um *Carnaval Devoto*, em sua obra, Belém do Grão Pará[12]. Outros participantes trouxeram suas memórias de infância do Círio com os brinquedos de miriti no Arraial de Nazaré[13].

---

9   Entidade cultuada no candomblé, orixá feminino, sua cor é o amarelo. Está ligada aos rios e lagos, à beleza, feminilidade. Responsável pela gestação. Mãe protetora das crianças.
10 Entidade cultuada no candomblé. Durante seis meses do ano assume a forma masculina e nos outros seis, a feminina. Está ligado à metamorfose. Associado ao arco-íris. Corre pelas águas assumindo a forma de uma cobra.
11 A Santa Peregrina corresponde ao nome estatueta de Nossa Senhora de Nazaré que é levada nas procissões do Círio.
12 Importante referência da fala de Miguel Santa Brígida para o Lab. Círio.
13 O Arraial de Nazaré é um parque de diversões montado ao lado da Basílica Santuário algumas semanas antes do início da festividade, e permanece até o fim das atividades do Círio.

Muitos participantes lançaram olhares para os movimentos sociais e as lutas das comunidades LGBTQIA+ na Festa da Chiquita[14] que, embora seja rechaçada pela comunidade eclesiástica, é parte da festividade junto com os demais eventos e romarias. "O Círio também é força econômica!" – lembraram alguns a despeito da importância desse período para aqueles que contam com o mês de outubro como forma de subsistência por meio das vendas de maniçoba, tacacá, carurú, pato no tucupi e açaí[15], camisas com a imagem da santa, fitinhas de pedidos e outras lembrancinhas típicas desse período.

A relação entre Círio e fotografia evidenciou uma prática que se produziu na coletividade. Essas são apenas algumas das imagens produzidas com os encontros disparados pelo Lab. Círio. O passo seguinte foi a operacionalização de um olhar fotógrafo. Assim, os organizadores ressaltaram a importância de uma acuidade do olhar, possível de perceber outras nuances da festividade, outros elementos que a compõe, mas dos quais, frequentemente, desviamos o olhar, não de forma intencional, mas por conta de um encantamento que nos prende em outros detalhes. Penso que esta acuidade foi desenvolvida a partir de dois pontos. O primeiro, com o compartilhamento das vivências e intimidades com o Círio, que cada participante trouxe consigo. O segundo, com os modos pelos quais nos permitimos ser afetados durante as caminhadas e participações nos eventos do Círio. A fotografia no laboratório foi, também, uma forma de experimentação e de exploração da festividade, evidenciando mais uma potência dessa prática.

Susan Sontag, em seu livro *Sobre Fotografia,* comenta que "fotografar é apropriar-se da coisa fotografada. Significa pôr a si mesmo em determinada relação com o mundo, semelhante ao conhecimento – e, portanto, ao poder" (p. 14). Fotografar o Círio é, igualmente, apropriar-se dele. Foi uma maneira de conhecê-lo e de produzi-lo nas narrativas visuais e demais

---

14 A Festa da Chiquita é um evento que ocorre desde 1978, de acordo com o Dossiê do Círio, do Instituto do Patrimônio Histórico e Artístico Nacional (IPHAN), organizada pela comunidade LGBT de Belém. Por este motivo, há inúmeras resistências, principalmente por parte da diretoria do Círio, para que a Chiquita não seja considerada um evento da Festividade do Círio de Nazaré. Contudo, em 2004, ano em que o Círio foi tombado como patrimônio histórico e artístico nacional, a Chiquita foi incorporada à festividade do Círio. O IPHAN entende que o Círio de Nazaré é produto de uma relação entre o sagrado e o profano, justificando assim a importância da Chiquita no calendário do Círio. A Festa da Chiquita acontece na Praça da República logo após a passagem da Berlinda com a imagem da santa durante a romaria conhecida como Trasladação.

15 Comidas típicas do período do Círio.

construções coletivas dos encontros no laboratório. Naquelas noites pude vivenciar a festividade nos relatos; nas propostas dos projetos individuais que conduziram às escolhas dos temas a serem tratados nas fotos; no processo de seleção e edição das imagens; e na organização da exposição coletiva na galeria Augusto Fidanza da Igreja de Santo Alexandre. Portanto o Círio não é um acontecimento estático que a fotografia, supostamente, viria registrar.

Há que se afirmar a multiplicidade característica dessa manifestação. Vivenciar o Círio de Nazaré de dentro da corda dos promesseiros não é o mesmo que contemplar suas romarias das arquibancadas ou nas embarcações da Romaria Fluvial[16]; experimentar o Círio no Auto do Círio não é o mesmo que experimentá-lo na Festa da Chiquita ou no Arraial de Nazaré; vivenciar o Círio nos brinquedos de miriti não é o mesmo que saboreá-lo nas comidas típicas; explorá-lo nas pinturas e gravuras não é igual a apreciá-lo na poesia, na música, no teatro ou no cinema – do mesmo modo – vivenciar o Círio através da fotografia corresponde a um evento novo que se afirma e se atualiza a cada disparo da câmera. São realidades em multiplicidade. Realidades forjadas com e pela fotografia. Não se trata de falsear, pois aqui a fotografia não falseia, tampouco registra. Ela cria aberturas e possibilidades, pois é uma potência inventiva em cores, luz, sombra, texturas e enquadramentos.

Aquele que fotografa também percorre e vivencia espaços e acontecimentos por meio da câmera; percebe, ao mesmo tempo em que fotografa, sua relação com o caminho que percorre e com as imagens que produz. No laboratório, ao discorrer sobre suas fotos, os participantes pareciam vivenciar uma experiência de si, na relação com a cidade e com o Círio, nos rostos dos promesseiros e nas ruas percorridas. "Geralmente acompanho as procissões de dentro, caminhando... esse ano, decidi vir um pouco atrás da procissão, fotografando... Nunca vi a cidade tão suja! Decidi fotografar." – falou um participante ao apresentar suas fotos. Os demais participantes inquietavam-se, conforme se deparavam com a novidade que emergia das desconstruções provocadas pelas imagens compartilhadas: "mas isso é Círio? Nunca tinha visto desse ângulo." – questionou uma participante – "Nossa! Como a cidade

---

16   A Romaria Fluvial é realizada desde 1986, saindo da cidade de Icoaraci (área metropolitana de Belém) até Belém, mais especificamente na Escadinha do Cais do Porto (ao lado da Estação das Docas) na manhã do sábado véspera da grande procissão do Círio. Trata-se de uma romaria de embarcações, inserida na programação oficial do Círio de Nazaré, juntamente com outras 11 romarias, e acontece nas águas da baía do Guajará.

fica suja depois! Parece mesmo um carnaval!" – espantou-se outro com uma fotografia que mostrava uma rua da cidade após a passagem da Romaria do Círio. "Eu vi muitas senhorinhas caminhando naquele sol... lembrei-me da minha mãe..." – afirmou uma participante. "Gosto dos rostos, das expressões... elas se repetem, mas têm umas caras estranhas, parece que estão fingindo sofrimento." – comentou outra.

Imagens fotográficas estão há décadas presentes entre nós e, como veremos no segundo capítulo desta pesquisa, surgiram e foram recebidas com bastante entusiasmo ao apresentarem um mundo que até então só era possível de ser descrito por palavras, desenhos, gravuras e pinturas. Contudo, como já explicado, entendo que, por meio da fotografia, experienciamos formas de mundo em realidades visuais. Cartografar é construir mapas, diagramas que mostram as linhas de forças que compõem uma determinada realidade. Essas linhas se entrecruzam, se sobrepõem, estão dispostas como em um campo de batalha. A proposta de produção de uma cartografia, nas ciências humanas, objetiva evidenciar esse confronto entre as forças que estão na constituição de certa realidade, os jogos de interesse, os desníveis discursivos, as contradições, os intercursos que nos permitem visualizá-la e localizá-la em um recorte temporal. Fotocartografar é, propriamente, cartografar realidades fotográficas. Não se trata de uma análise de fotos, pois o pesquisador, neste caso, não se ocupa de trazer os elementos ocultos em sua imagem e que apenas o olhar especializado seria capaz de fazê-los emergir à superfície. Fotocartografar é questionar o documento fotográfico nos interesses que o produzem como verdadeiro; é tentar observar tudo que atravessa o seu arranjo. Com a construção deste mapa de forças, o trabalho é, também, uma composição arqueogenealógica, onde são apontados os saberes e as instituições que surgem e que mantêm a produção do Círio; o mapa ou diagrama é a abertura de um campo de visibilidades que explicita a rede de enunciados[17] e práticas não discursivas[18]

---

17   Como proposto por Foucault para uma análise arqueológica. É preciso observar as condições de existência dos discursos que circulam em cada época para cada recorte, perceber a correlação entre os enunciados que os sustentam. Uma rede de enunciados dá condições de possibilidade para que determinadas formulações efetivamente sejam pronunciadas ou escritas.

18   Entende-se por práticas não discursivas aquelas que efetivamente se referem às relações de poder. Para uma análise arqueogenealógica, Foucault aponta que saber e poder se apoiam e se reforçam mutuamente. "A formação do saber requer que se leve em consideração, além das práticas discursivas (enunciados), as práticas não discursivas" (CASTRO, 2009). Portanto, uma análise arqueogenealógica de um recorte histórico deverá dar conta das condições de existência de determinados saberes e exercícios de poder.

que sustenta verdades sobre a festividade e que delineia lugares de sujeito para aqueles que dela participam.

Ressalto aqui o lugar ocupado pela Igreja Católica e seus membros que tentam exercer controle absoluto sobre a Festa de Nossa Senhora de Nazaré. Ao reivindicarem o Círio como um evento genuinamente e exclusivamente católico, empenham-se em demarcar seus limites, afirmando o que pertence e o que não pertence à festividade, bem como aqueles que devem ser considerados devotos e aqueles que precisam ser relegados à margem. O devoto, a partir desse entendimento, é o católico romeiro e promesseiro que professa a sua fé católica. A programação do Círio, portanto, é aquela que está de acordo com os ritos do catolicismo. Esses aspectos demarcam o lugar dos sujeitos que devem ser ocupados por aqueles que queiram ser reconhecidos pela Igreja Católica ou por aquilo que ela considera como Círio oficial. Afinal "os saberes e os poderes de todos os tempos procuram domar os processos de subjetivação, mas estes lhes escapam, perfazendo uma história da resistência relativa à vida [...] (JÚNIOR, 2005, p. 344)". Assim, como prática de exclusão, a diretoria da Festa de Nazaré não inclui na programação oficial do Círio a Festa da Chiquita, embora o Instituto do Patrimônio Histórico e Artístico Nacional (IPHAN) entenda de forma contrária, tendo reconhecido a Festa da Chiquita como parte da programação oficial, inserindo-a no processo de tombamento que anuiu o Círio como patrimônio histórico cultural imaterial pela Organização das Nações Unidas para a Educação, a Ciência e a Cultura (UNESCO). Sobre essa questão, destaca-se que a Igreja aceita o título concedido pela UNESCO, apesar de, como evidenciado a partir da exclusão da Chiquita, não concordar com todos os aspectos dessa concessão. No site do Círio de Nazaré, mantido e organizado pela diretoria da festividade, encontra-se um texto que descreve o Círio, nele salienta-se a patrimonialização.

As divergências sobre esse ponto parecem não encerrar e não envolve somente a igreja, como também os demais poderes locais. Em junho de 2015, um projeto de lei proposto pelo vereador do Partido Trabalhista Brasileiro (PTB), Victor Cunha, propondo que a Festa de Nossa Senhora de Nazaré fosse reconhecida como patrimônio cultural municipal, considerou, apenas, as romarias do calendário oficial como elementos da festividade. Um adendo que incluiu o Auto do Círio e a Festa da Chiquita foi proposto pela vereadora Sandra Batista do Partido Comunista do Brasil (PCdoB). O projeto de lei foi aprovado, mas através de um veto do prefeito da cidade na época, Zenaldo Coutinho, excluiu a Chiquita, sob justificativa de que a festa não é um elemento integrante, pois não está na programação oficial do Círio de Nazaré estipulada pela Igreja Católica.

Uma fotocartografia permite evidenciar essas tensões e contradições. O mesmo catolicismo que rejeita a Chiquita por considerá-la um evento desrespeitoso e sem relação com as práticas religiosas espirituais católicas é aquele que divulga o Círio como patrimônio, aquecendo o turismo regional e aferindo lucros com a comercialização de objetos religiosos, com o Arraial de Nazaré e com a venda de jantares que são disponibilizados para um público financeiramente seleto na Barraca da Santa[19]. É o mesmo catolicismo que vende selos oficiais para estamparem camisas de times de futebol regionais que, posteriormente, serão oferecidas em lojas de torcedores. É, por fim, o mesmo catolicismo que acede o patrocínio de bancos, farmácias, lojas e outras instituições privadas que estampam suas logomarcas nas romarias e no site oficial do Círio de Nazaré, mantido e organizado pela diretoria da festividade, com as bênçãos do eclesiástico.

Imagem 1 – Círio 2014

Fonte: Karina Martins.

---

19 A Barraca da Santa é um espaço da Igreja Católica, próximo ao Santuário de Nossa Senhora de Nazaré, que abre todos os anos, no período do Círio, para vender comidas regionais com o objetivo de arrecadar fundos para as obras da igreja. O cardápio costuma ser oferecido pelas famílias mais abastadas da cidade como ato de caridade e as comidas são vendidas a um preço consideravelmente elevado. Além disso, ao lado do Santuário existe uma loja de artigos religiosos pertencente, também, à igreja, chamada Lírio Mimoso. A loja costuma ter um fluxo alto de pessoas durante a quadra nazarena.

Este trabalho é sobre perceptos, afectos[20], estéticas e políticas de existência. Ao trazer a figuração do Círio de Nazaré pelo perspectivismo da fotografia, busco apontar os discursos que atravessam e constituem a temática, passíveis de serem afirmados com a fotografia ou desconstruídos por ela. A relação Círio – Fotografia – Subjetivação precisa ser pensada do ponto de vista histórico para não cometermos o equívoco de naturalizá-la, uma análise histórica que compreenda essa relação como um acontecimento em termos de sua raridade, abandonando a ideia de uma intencionalidade que, supostamente, a sustentaria e a conduziria. É perceber as batalhas e os jogos de interesse na trama que produz a imagem; é perceber a política que direciona e conduz o olhar fotógrafo e, não menos importante, aquilo que escapa ao controle, resistindo a ele. A pesquisa cartográfica consiste no acompanhamento de processos, e não na representação de objetos (BARROS; KASTRUP, 2014). Acompanhar o processo de produção fotográfica do Círio permite-nos compreender como ele se situa em termos de saber, poder e subjetivação, ou seja, como a festividade se situa em termos das verdades afirmadas sobre ela e como isso se insere em termos do formato que ela ganha, sua composição estética e, por fim, quais os lugares de sujeito apontados com essas ações, bem como as existências dissidentes que se efetivam como resistências.

1.4 Fotografia, fonte de pesquisa e Psicologia

Foucault (1999) analisou fotos em *Vigiar e Punir*; fontes iconográficas em *As palavras e as coisas*; fez uma arqueologia do olhar em *O nascimento da clínica* (MACHADO, 2006) o que denota o quanto a analítica das imagens era importante para os estudos históricos de Foucault. Gomes (2012, p. 117) assinala em verbete que a fotografia é "um dispositivo para a territorialização dos olhares". Aguçar o olhar e refiná-lo se tornou uma maneira de fazer pesquisa, de escutar e de trabalhar, na sociedade contemporânea, a partir do século XVIII (FOUCAULT, 2008a).

---

20 No livro O que é a filosofia? Deleuze e Guattari utilizam os conceitos perceptos e afectos para se referirem ao plano de produção artística. Segundo os autores, a Arte produz pensameno atráves de perceptos e afectos, esses, por sua vez, representam a materialidade das sensações, ou seja, um artista, em sua obra, materializa as sensações, independentemente da pessoa que sente. É como se a Arte fosse um puro bloco de sensações que se apresenta na forma de perceptos e afectos.

Ora, os olhares apontam lugares de onde se olha e enquadramentos de lentes, de perspectiva, de *zoom*, de luz, de impressão, de edição e publicação e arquivamento. A apropriação das fotos e a distribuição das mesmas em sequências, seguidas ou não de outras fontes escritas, implica em maneiras de efetuar uma organização da documentação com as fotografias. Por isto que Deleuze (2005, p. 17) assinala que "o enunciado não é lateral nem vertical, ele é transversal".

O olhar é educado, disciplinado nas técnicas para fotografar, e assim, produzir objetos na e com a fotografia dizem dos efeitos de práticas sociais que esquadrinham a vida e os corpos para geri-los e estilizá-los em um plano de acontecimentos. Segundo Foucault (1999), a disciplina visa regular e normalizar, e opera por resistências também, frente ao fotografar sem técnicas e sem especializações artísticas e profissionais. Assim, sair da fotografia sem cuidados, deslocar-se de um plano tecnicista partindo para um plano de intensidades é uma resistência, da mesma forma que fotografar sem querer padronizar e criar por tecnologias um objeto retrato também o é. Portanto, a fotografia não é uma sublimação idealizante, pois para Deleuze e Parnet (2008, p. 119) "o plano da imanência não tem nada a ver com uma interioridade", ou seja, não significa fazer do fotografar uma prática investigativa de suposta natureza do objeto fotografado, mas com ela estabelecer conexões exteriores com outras forças em fluxos que forjam objetos.

Com efeito, fotografar e arquivar fotografias é uma prática de poder, de saber e também de subjetivação. Para Foucault (2012; 1999), o poder produz realidades, forja saber e cria subjetividades assim como os saberes sustentam poderes e engendram modos de ser. Fotografar é uma prática marcada e atravessada por relações de forças e saberes em multiplicidades formadas por jogos políticos de verdade.

Ainda é possível afirmar com Deleuze (2005), comentando Foucault, que temos um agenciamento óptico luminoso que entrelaça o visível e o enunciável, em diagramas. Assim, visibilidades são multiplicidades, organizadas em mapas como práticas não discursivas. O tempo entre o fotografar e a fotografia feita é o tempo das durações em variação e não de uma cópia em um tempo que coincide no cronômetro (DELEUZE, 1992). Os estudos de Deleuze sobre imagem e movimento são interessantes para pensar a história na fotografia pelo diagrama de forças em ontologias históricas de nós mesmos para além do tempo contínuo e seus regimes de captura.

Neste aspecto, o tempo traz a possibilidade inventiva e não modelo copiado/retratado/semelhança. Na pragmática das relações podemos aprender que uma imagem nunca está só, pois há um entre e há intensidades acontecimentos outros que a atravessam e transversalizam. O movimento também permite no fotografar espaços outros, em tempos, em variação, o que possibilita a história como devir e como problematização ao invés da história causal linear (DELEUZE, 1992). As fotografias enquanto regimes de visibilidade são imanentes a práticas discursivas. Ambos são enunciados, mas distintos, em entrecruzamento. A foto não é a imagem fotografada, ela é um efeito disjuntivo, descontínuo e que sofre variações já que todo enunciado é disperso. O ato de fotografar também, de acordo com as análises da *Arqueologia do Saber* (2005) e da *Genealogia do Poder* (2002), é um conjunto de poderes e saberes, em jogos móveis de forças em devir constante, o que modula uma estratificação espacial e política na produção das verdades (DELEUZE, 2005).

Neste sentido, Prado Filho (2009) assinala que estamos vivendo em uma sociedade em que a subjetividade é marcada pela publicação da intimidade enquanto uma estética subjetiva. A capitalização das relações, da sociabilidade pelo empresariamento de si é interrogada por Foucault (2008b), no curso *Nascimento da Biopolítica*. Colocar em xeque a fotografia e o fotografar como dispositivo de investimento e empreendedorismo nos auxilia a pensar o presente em que vivemos, podendo fazer história para diferir e a fotografia poderá ser um acontecimento analisador deste deslocamento de si e dos outros.

Mesmo fotos das cidades e das práticas culturais e políticas têm focado uma estética subjetiva baseada em investimentos de cunho empreendedor, em que fazer ver e falar ganha estatuto de mostrar-se o tempo todo e com uma paisagem (cidade e circulação), com outros (capital relacional) e em um lugar de festa/comemoração (cultura). Em *Segurança, território e população*, Foucault (2008c) destaca que a circulação se tornou uma preocupação cada vez mais importante e a ser alvo de táticas de mercado liberal, de governamentalidade securitária e de normalização de um conhecimento de si policiado.

O fotografar e a fotografia poderiam indicar este movimento econômico e político de fazer da cultura um monumento a ser fotografado e cultuado enquanto patrimônio imaterial, tal como um retrato a ser venerado de quem olha a si e aos outros pela perspectiva de identidades culturais. Nietzsche (2003) declara que a história a favor do tempo e contra o tempo é o que permite pensar o presente como diferenciação de fato, em que não se faz história para conservar as tradições e fazer da vida antiquário e, muito menos para realizar tribunais do passado em busca de um futuro teleológico.

Desse modo, a fotografia e o fotografar na história traz a possibilidade de diferir das tradições, da cultura patrimônio e mercadoria, da unidade cultural e de supostas identidades culturais. As fotos não são analisadas para nos identificar e nos colar à cultura de um tempo e de um lugar e sim para explicitar a heterogeneidade na descontinuidade que nos marca. As fotografias seriam intercessores que fazem gaguejar a tentativa de dar sentido para a experimentação que nos dobra e dobra os acontecimentos para inventar outros possíveis. Neste ponto é que podemos efetuar um entre movimentos e tempos-espaços outros ao invés de fazer retrato, teatro e relógio (DELEUZE, 1992; DELEUZE; PARNET, 2008).

O fotografar é uma prática que não nos conduz a uma finalidade prevista para um futuro de perfeição enquanto continuidade desenvolvimentista da ordem e progresso. A fotografia e o fotografar são perspectivos e dizem de lugares institucionais e de posições dos sujeitos em deslocamento disjuntivos. Como disse Deleuze (1992) a respeito de Foucault, trata-se de dobrar as linhas para cavalgar sobre elas e com elas e não fazer abrigo da consciência. A subjetivação não é retorno ao sujeito e muito menos expressão do inconsciente e sim movimento de ruptura na própria exterioridade e superfície das forças em jogo, na raridade dos acontecimentos (DELEUZE, 1992; VEYNE, 1998).

Logo no seu surgimento, fruto de uma sociedade industrial, a fotografia é colocada em uma posição de registro da realidade e, tão logo, é condicionada ao estado de documento oficial, atestado de visibilidade, maquinaria aperfeiçoada, isenta de fragilidades no que concerne à potência de registrar. Difere da pintura, gravura ou desenho, pois sua prática pouco depende da ação humana, dos sentidos humanos, tomados como falhos e imprevisíveis. Sua perfeição é afirmada por sua maquinaria, por sua maneira ímpar de registrar.

Contudo, sua perfeição é, ao mesmo tempo, seu motivo de decadência, e com a mesma ligeireza que ascende ao posto de documento, declina, pois os detalhes que aponta com rigor apontam também para o distanciamento da realidade, uma vez que longe do aparelho fotográfico o ser humano não seria capaz de apreender os detalhes do mundo.

Assim, sua dessemelhança com o que é humano afirma também sua incompetência documental.

Havia também um certo impedimento à ascensão da fotografia como prática artística, essa forma fotográfica de ver e fazer ver o mundo atesta um certo caráter democrático, portanto estaria incapacitada de poder seletivo, o que seria – segundo alguns artistas do século XIX – uma condição importante da tradição artística da época para que uma prática fosse considerada arte, pensamento pautado na chamada *Teoria dos Sacrifícios*; trata-se de um convite a "negligenciar certos acessórios de um quadro para melhor salientar as partes principais" (LITTRÉ apud ROUILLÉ, 2009, p. 41). No entanto, essa dupla negação de que sofria a fotografia parece ser sua nova condição, a de permanecer em uma espécie de limbo, tomada hora como documento oficial, ou seja, para fins de registro, ora como arte, como forma de expressão.

Chegamos assim à condição de visibilidades da qual a fotografia é parte. A fotografia não faz ver as coisas e objetos por sua condição tecnológica que supostamente a aparelha com a possibilidade de acesso ao real, lançando à mão do ser humano a possibilidade de registrar. A fotografia é antes uma condição de visível da qual é produto desde o seu surgimento. Mesmo enquanto prática expressiva ela não deixará de exprimir suas verdades, mas agora não as do mundo e sim as do artista em contato com o mundo.

Este movimento da fotografia, este "entre" no qual permanece ainda, parece ser sua condição de existência na atualidade. Tomando o tema de nossas discussões, centradas no Círio de Nazaré, podemos afirmar que a fotografia produz verdades sobre a festividade, e a experiência com o laboratório ajudou a acompanhar esse processo.

Paul Veyne em *Foucault Revoluciona a História,* retoma o conceito de "práticas" para explicar como, na condição do fazer, se estabelece a condição de sujeito. É na prática, ou seja, naquilo que se faz que também ocorre a emergência de mundos, a partir da produção de objetos. Em *Vigiar e Punir,* Foucault aponta a disciplina como uma forma de poder que incide sobre os corpos (tecnologia de aperfeiçoamento dos corpos). Esta prática é imanente à produção de saberes sobre os corpos e a partir desses saberes é que são produzidas novas tecnologias que, por fim, são voltadas para os próprios corpos. Bem, esta retomada é interessante para explicar a relação da fotografia com processos de subjetivação. Para isso lembro a fala de um dos participantes do laboratório ao comentar sua experiência com este na relação com uma de suas fotos do Círio. Descreveu de que forma os encontros produziram uma outra relação dele com a festividade a partir do fotografar. Disse ele: "Os inesquecíveis bate-papos com os palestrantes, as experiências compartilhadas e o consequente aprofundamento do tema ampliou minha percepção sobre a grande Festa dos Paraenses, o que decerto hoje se reflete na forma como eu a retrato".

Imagem 2 – Auto do Círio 2014

Fonte: Breno Moraes.

Temos aqui uma experiência que é possibilitada a partir do fotografar e que, por conseguinte, está diretamente ligada à produção de novos saberes sobre o Círio, uma vez que o participante relata ter sua percepção ampliada após a entrada no laboratório. O laboratório é parte do fotografar, pois ajudou a produzir e operar olhares fotográficos que geraram ressonâncias no modo como o participante passou a retratar o Círio, a produzir o Círio nas fotografias. Em outro momento (desta vez durante a roda de conversa) esse mesmo participante relatou que antes do laboratório estava distante da religião e de suas práticas com a Igreja Católica, mas que por meio do laboratório e da fotografia havia construído uma outra ponte com a religiosidade que o fazia se aproximar, novamente, de suas crenças.

Para Foucault (2014), entre saber e poder emerge uma outra força que é a relação do poder consigo, chamada *subjetivação*, sem a qual não seria possível a permanência do poder. "É como se as relações do lado de fora se dobrassem, se curvassem para formar um forro e deixar surgir uma relação consigo, constituir um lado de dentro que se escava e desenvolve segundo uma dimensão própria [...]" (DELEUZE, 1988, p. 107).

Essa "dobra" de que Deleuze fala é a relação do fotógrafo com a festividade e com a fotografia que lhe permite fugir de uma identidade corporificada no catolicismo ou em uma identidade regional paraense, para operar uma resistência na produção de uma relação com a festividade, uma estética na relação com o fotografar.

Ao observar a fotografia produzida por Breno, ao ler seu comentário sobre o laboratório meu olhar se expande, talvez, com intensidade semelhante ao deste fotógrafo. As palavras de Breno e sua imagem me permitem viajar em outros Círios. Viajo com ele (o participante) por Círios mais acolhedores e quiçá mais ricos e potentes na capacidade de interligar pessoas. O Círio que vejo na imagem acima é um Círio de personagens múltiplos, tão frenéticos quanto aquele observado entre os promesseiros da tradicional corda. Conecto-me a estes personagens em um Círio de pluralidades, Círio que comporta até mesmo figuras menos queridas por uma comunidade religiosa mais ortodoxa. Demônios e divindades aqui se mostram em um Círio produzido por artistas que encontraram em suas *performances* maneiras outras de festejar, venerar, comungar. Neste fluxo de experiências sou tomado por uma inquietação insistente tal qual sugere o olhar do personagem direcionado a Breno na fotografia: Olhar que indaga, que objetiva, que estranha, que posiciona, que desloca, que questiona o olhar fótografo, o olhar espectador. Que potência a deste olhar que o fotografar ajuda a compor, a apontar e a indagar! Esta potência causa-me certo deslocamento, deslocamento semelhante – talvez – ao vivido por Breno e manifestado acima em suas palavras. Nossas percepções com essas experiências decerto não são mais as mesmas. Mais que isso. Decerto não somos mais os mesmos!

CAPÍTULO II

FOTOGRAFIA E PRODUÇÃO HISTÓRICA DA VERDADE:
saber, poder e subjetivação

É interessante e até certo ponto irônica a proposição deste capítulo como um trabalho que privilegiará algumas pistas para uma fotocartografia como percurso. Principalmente por ter em vista que os pensadores sobre os quais me apoio renunciam veementemente a ideia de um método único que, supostamente, responderia às problemáticas criadas pela pesquisa. A crítica desses autores para o modo como constituímos nossas práticas na pesquisa provoca ressonâncias e abala radicalmente a maneira como nos relacionamos com o mundo, com os nossos objetos e, consequentemente, com a ciência e possibilidades de sua produção.

Em *Assim Falou Zaratrusta* (2011), a crítica de Nietzsche aponta para uma substituição da religião enquanto possibilidade de produzir respostas para as dúvidas e problemas humanos, pelo modelo científico. A dogmatização da ciência e do modelo empirista terminou por fazer dela uma espécie de nova religião. Se por um lado, nossas expectativas para a explicação de alguns fenômenos repousavam na religião como prioridade, por outro, quando tornamos o modelo científico nosso único caminho para produção de conhecimento, fazemos dele nossa nova religião. Por não questionar a Ciência e suas práticas de produção de saber, fez-se dela uma prática quase que irrefutável.

Foucault (2012) aponta que todo saber implica uma relação de poder, assim como toda forma de poder é pressuposta por um saber. Portanto a ciência, como uma forma de saber, não estaria livre dessa relação. Ele nos apresenta como que, por um processo de hierarquização dos saberes, o modelo científico tornou-se o modelo privilegiado em nossas pesquisas. E que nossa relação com o conhecimento não seria marcada por uma busca desse, no sentido de desvelar a verdade oculta na natureza, mas, sobretudo, por uma produção desse conhecimento. Nós produzimos conhecimento assim como produzimos regimes de verdades, e não há regime de verdade que se sustente sem a derrubada de outro(s). Assim, o autor demarca:

O importante, creio, é que a verdade não existe fora do poder ou sem poder (não é – não obstante um mito, de que seria necessário esclarecer a história e as funções – a recompensa dos espíritos livres, o filho das longas solidões, o privilégio daqueles que souberam se libertar). A verdade é deste mundo; ela é produzida nele graças a múltiplas coerções e nele produz efeitos regulamentados de poder (FOUCAULT, 2012, p. 51-52).

Entre os pressupostos do modelo científico empírico está o método científico. Entende-se como método o caminho pelo qual a pesquisa será possível, ou seja, o caminho para uma meta (*metá* (reflexão, raciocínio, verdade) + *hódos* (caminho, direção)) (PASSOS; BARROS, 2015). Escolher um método é privilegiar um caminho possível, consequentemente, a recusa de outros.

Dessa maneira, por entender que uma metodologia compreende um método e por entender também que há tantos caminhos possíveis como há tantas formas de saber por nós constituídos, não é minha intenção afirmar esse método como caminho único e sistemático, de forma a ser replicado por outras pesquisas que intentem trazer o tema da produção fotográfica como problemática. Por isso, antes de propor um método cartográfico que viabilize essa produção, apoiar-me-ei em algumas pistas do mesmo para a constituição de minhas propostas.

Passos e Barros (2015) nos mostram que para um método cartográfico devemos pressupor um plano de experiência em que não há possibilidade de separação entre conhecer e fazer, entre pesquisar e intervir. Dessa forma, toda pesquisa é intervenção. Ainda segundo os autores, intervir é mergulhar na experiência que "agencia sujeito e objeto, teoria e prática, num mesmo plano de produção ou co-emergência – o que podemos designar como plano da experiência (p. 17)".

Assim, cartografar a produção fotográfica é mergulhar na experiência de produção da mesma e traçar as linhas de forças que a integram. A fotografia é um dispositivo, pois ajuda a constituir certos domínios de verdade na produção e/ou sustentação de uma ou mais realidades. Acompanhar seus processos de produção é uma proposta de definir a sua gênese montando um diagrama que possibilite visualizar as linhas de força que a integram.

Escolhi a cartografia como método por acreditar primeiramente nela como uma forma estratégica, onde, a partir de suas pistas e pressupostos poderei, enfim, esboçar um plano de intervenção. Fotocartografar é traçar as linhas de força que compõem a fotografia, para então desemaranhá-las. Como nas palavras de Gilles Deleuze para quem:

> Desemaranhar as linhas de um dispositivo é, em cada caso, traçar um mapa, cartografar, percorrer terras desconhecidas, é o que Foucault chama de "trabalho em terreno". É preciso instalarmo-nos sobre as próprias linhas, que não se contentam apenas em compor um dispositivo, mas atravessam-no, arrastam-no, de norte a sul, de leste a oeste ou em diagonal (DELEUZE, 2015, p. 1).

Talvez, para boa parte das pessoas o tema da fotografia se resuma a uma simples produção e registro de imagens e momentos, cujo principal objetivo poderíamos assim pensar, seria o de dar à memória individual e/ou coletiva materialidade aos instantes efêmeros de nosso cotidiano. De certa forma, apesar dos inúmeros recursos fotográficos de edição de imagens que podem facilmente forjar situações apresentadas nas fotos, a fotografia continua a dar testemunhos de vidas, seja nos álbuns de nossas mães e avós ou nas chamadas *selfies* que invadem as redes sociais.

Nas festas de família, nas confraternizações de amigos, nas práticas investigativas, nas galerias, nos registros das cidades, no jornalismo, na publicidade, a fotografia parece persistir entre nós oscilando como documento e arte. Mesmo apesar de já ter sido superada em qualidade e praticidade pelas filmadoras, a fotografia ainda persiste em diversos espaços servindo como evidência e testemunha de acontecimentos ou como prática expressiva. Há ainda um fetichismo que acompanha as fotos, que faz delas – em algumas situações – troféus para carregar, apresentar, emoldurar.

A questão é que poucos se perguntam ou estão atentos para a potência desta prática de fotografar e dos efeitos produzidos a partir dela. Desde a sua invenção a fotografia caminha conosco organizando novos cenários mundiais, ora inventando, ora reproduzindo mais do mesmo, pois o que está em jogo não é tanto o que a fotografia revela, mas como revela, não tanto o olhar que ela produz, mas como nossos olhares se direcionam a ela, os fins para os quais ela é destinada e o modo como é utilizada.

Quando estamos diante de uma tecnologia nova é comum criarmos expectativas sobre as novidades que acompanham tal invento. Deliciamo-nos e ficamos encantados com as facilidades proporcionadas e as potencialidades criativas que podem surgir com um aparelho novo. No entanto, pouco ou quase nunca nos damos conta dos contextos em que emergem as tecnologias que nos acompanham, e das expectativas que estão previamente atreladas a elas.

Quando da invenção da fotografia na segunda metade do século XIX, a Europa vivia um processo intenso de industrialização. Máquinas substituíam, em larga escala, o trabalho que outrora era realizado pelas mãos humanas. A imagem de progresso era aquela onde houvesse a possibilidade de um mundo cada vez mais mecanizado. Esse encantamento com as máquinas conferiu à fotografia uma forma mais ou menos definida, fez dela instrumento de registro que acompanhou uma sociedade rumo a uma ideia de progresso científico, cultural e social.

Comparada à pintura, a fotografia era o que havia de mais sofisticado em uma sociedade cada vez mais industrializada onde a intervenção humana, nos processos de produção, parecia ser cada vez menos frequente. Esse contexto de entrada da fotografia no cenário europeu conferiu a ela uma posição de imagem da realidade, que superava as telas de qualquer pintor mais talentoso para compor retratos e paisagens.

A fotografia ganhava espaço como uma tecnologia de registro a qual, supostamente, não dava lugar para a intencionalidade e seletividade do autor, como no caso da pintura, por exemplo, em que se cria uma imagem produzindo os efeitos que se deseja. A imagem apresentada nua e crua (pensavam) era o resultado da fotografia.

Estas considerações sobre a fotografia são apresentadas pelo pesquisador André Rouillé em *A Fotografia – entre documento e arte contemporânea*. Neste trabalho, Rouillé (2009) opta por trazer os aspectos históricos, políticos, culturais, econômicos e sociais do período em que emergiu a fotografia, mostrando de que forma a tecnologia fotográfica foi atrelada ao momento de industrialização, o que contribuiu para conferir-lhe certa condição documental[21]. Após essa ascensão como documento a fotografia passaria por um período de declínio e hoje está mais próxima de uma forma de expressão, uma prática artística contemporânea (ROUILLÉ, 2009). Nesse sentido, tomar a fotografia como um documento é utilizá-la como testemunha de um acontecimento,

---

21 O conceito de fotografia documental assume, a princípio, o compromisso com a realidade tal como é. A fidelidade com aquilo que acontece em determinado momento, embora exista uma tênue linha entre documentar algo e expressar-se fotograficamente. Se anteriormente a função da fotografia estava fortemente ligada ao real, hoje pode-se dizer que a imagem, de certa forma, produz o real. Fonte disponível em: http://photodocumento.blogspot.com.br. Acesso em: 23 fev. 2016.

comprovação que atesta se um evento ocorreu de fato, prova irrefutável, imagem reveladora. Essa noção se aproxima da concepção de documento oficial que tenta dar veracidade a um acontecimento.

O importante a ser notado nessas considerações é que a fotografia desde os seus primeiros momentos parecia estar envolta sob um manto de verdade, justificada pela mentalidade de uma população sob os efeitos de um processo de industrialização. Portanto, viram na fotografia certa semelhança com as máquinas de seu tempo e com a ideia de progresso proporcionada pelo saber científico.

O tema explorado por Rouillé (2009) compõe uma crítica que há muito não havia sido feita. Boa parte dos pensadores que versam sobre a fotografia, na crítica do autor, o fazem colocando-a pelo lado avesso, sem traçar novas direções para pensá-la, sem experimentar novas ferramentas teóricas, pois – ainda segundo o autor – muito do que se falou e do que continua a ser falado sobre a fotografia prospera para constituir um imenso vácuo de ideias sobre o tema, sem fazer da fotografia um problema de nosso mundo.

Tomo este autor então como uma possibilidade de pensar a fotografia por outros caminhos, em conexão com outros saberes que contribuem para que a observemos como uma prática não isolada, mas conectada a outras; conexões não ocultas, mas das quais comumente desviamos o olhar, pois a tradição incita-nos a observá-la pelas lentes da semiótica, da psicanálise, do estruturalismo, dos essencialismos de toda ordem. Assim, surge a seguinte questão: Quais seriam estes outros caminhos para pensar a fotografia? Bem, para essa dúvida podemos começar observando que um dos esforços com esta pesquisa parte do entendimento de que a fotografia não é uma prática ingênua, mas produto que toma formas diferentes em determinados períodos históricos, portanto, é também produto e parte de nossas ações políticas e filosóficas; parte de nosso pensamento, parte de nossas mentalidades. Neste ponto, cabe muito bem a afirmação de Fontcuberta (2015) para quem

> [...] esos valores que incorporamos, que incrustramos en la imágen fotográfica non son elementos inherentes al propio proceso tecnológico de la producción de la imagen se non que son proyecciones culturales ideológicas conectadas a esta situación del XIX con el colonialismo, con la Revolución Industrial, etcétera, etcétera. Por tanto separemos las cosas y siamos conscientes de qué una fotografía, repito, al disparar la cámera activa, automáticamente, todos

estos resortes no solo ópticos y químicos sino también ideológicos y políticos (FONTCUBERTA, 2015).

Desse modo, a fotografia tampouco se encerra na imagem capturada e disponível à apreciação. Para pensarmos a fotografia por outros caminhos devemos considerar mais que a fotografia, devemos considerar o próprio ato de fotografar; o fotografar como prática. A prática não se encerra com a imagem pronta, é preciso considerar os processos de produção da imagem, o gesto de fotografar[22], a postura de quem aprecia a imagem e as conexões disparadas no momento da apreciação, no encontro do expectador com a imagem fotográfica. Trataremos, portanto, não apenas da fotografia, mas do fotografar. O fotografar é o verbo que indica uma prática que interessa a essa pesquisa. O fotografar é a postura em conexão com as forças do mundo (sociais, políticas, culturais, históricas, filosóficas etc.) admitida pelo fotógrafo durante a composição de uma fotografia.

As escolhas do fotógrafo: decisão do tipo de máquina a ser utilizada, configuração do *software*, ângulo, utilização da luz, edição, suporte, são alguns dos elementos deste fotografar que implicam no resultado: fotografia. Tais elementos não são escolhas aleatórias de quem fotografa, mas sim posturas assumidas a partir dos atravessamentos políticos, cultuais, sociais, históricos, econômicos que constituem maneiras de ver e produzir o mundo. Produzir imagens é uma forma de produzir realidades, de produzir o mundo em que vivemos. Assim, entendo a fotografia não como um registro do mundo, tão pouco representação do mundo, mas uma forma de constituí-lo.

> La historia del pensamiento és también la historia delas imágenes que pensamos con trajes. Nuestra manera de interactuar con el mundo és a traves de las imágenes. Por lo tanto las imágenes formatean nuestra visión de la realidad [...] (FONTCUBERTA, 2015).

O tema sobre a fotografia é denso e amplo, podendo ser abordado partindo de pontos diferentes. Poderíamos, por exemplo, fazer um estudo sobre os aspectos históricos de seu surgimento, os efeitos produzidos nas sociedades que começaram a fazer desta tecnologia uma

---

22 Para o filósofo Vilém Flusser o gesto de fotografar corresponde à habilidade do fotógrafo diante de seu aparelho que pode lhe permitir driblar as condições culturais que se impõem a ele, para assim produzir algo novo com a fotografia.

prática; poderíamos estudá-la considerando sua mecânica, ou as descobertas e transformações que possibilitaram a invenção dos primeiros objetos ópticos até as câmeras digitais de última geração; poderíamos considerá-la [a fotografia] a partir das técnicas utilizadas para produzir uma "boa foto", discutir sobre como utilizar melhor a luz de um ambiente para "capturar" uma imagem, métodos de edição e impressão etc.; poderíamos abordar suas formas de utilização nas diversas profissões e campos de saber: na comunicação, nas ciências biológicas, nas ciências sociais, forenses, nas artes etc.

Parti então do início, dos primeiros momentos dessa invenção, para tentar compreender de que maneira se deu o surgimento da fotografia e quais efeitos esse surgimento produziu nas sociedades francesa e inglesa (os dois locais de surgimento da invenção) daquela época (e vice-versa), em meados do século XIX. Minha intenção é perceber algumas mudanças no modo como a fotografia tem sido pensada através dos anos, para assim poder traçar algum esboço de análise dessa prática nos dias atuais.

2.1 Fotografia: do seu surgimento aos dias atuais – Alguns efeitos

Durante um longo período a fotografia, de forma direta e indireta, serviu de testemunha para os acontecimentos diversos do mundo. Dos eventos privados aos públicos, ela apontava com certa intensidade o que estava distante dos olhos da maioria, apresentando a todos que pudessem apreciá-la um mundo que até então só era possível de ser descrito por palavras, desenhos, gravuras e pinturas.

Essa qualidade a ela atribuída rendeu muitas contribuições às diferentes áreas de conhecimento, na saúde, nas ciências biológicas, nas artes, nas ciências humanas. A fotografia tem seu lugar reservado como elemento de afirmação e de contribuição para a produção de saberes.

Há algum tempo, devido aos avanços tecnológicos e ao crescente interesse por essa prática, diversos recursos de edição de fotos têm sido criados para proporcionar maior facilidade e possibilidades de composição de imagens. Esses aperfeiçoamentos que, de certa forma, impulsionam sua popularidade também ajudam a diminuir a confiança que depositamos no conteúdo de uma foto.

É cada vez mais comum duvidarmos de uma foto que tão logo nos surpreenda com uma imagem extraordinária. Diante de uma nova fotografia do Monstro do Lago Ness[23], por exemplo, circulando na internet, ou da foto de um OVNI[24], mesmo sob afirmações calorosas e veementemente insistentes quanto a sua autenticidade, logo nos perguntamos se não se tratam de montagens. Como vamos acompanhar no decorrer dos seguintes tópicos, a fotografia na atualidade é uma prática que oscila entre o documental e o autoral, ou seja, fotos são tomadas ora como documentos[25], ora como prática expressiva e artística, na atualidade.

Os recursos de edição capazes de tornar uma imagem fotográfica mais nítida ou clara, ou de conferir a ela um toque a mais de criatividade parecem ser bastante utilizados em fotos de celebrações e eventos importantes, nas redes sociais e em outros espaços por onde as fotografias-arte circulam, sem a preocupação prévia e aparente de fazer delas um discurso único de verdade que compactue com a ideia de um real – tal como no seu surgimento –, real que constantemente parece precisar ser remontado e apresentado, para afastar assim os riscos eminentes de falseamento. Sendo elas montagens ou não, o que vale mesmo é poder expor e apreciar a criatividade e técnica com as quais foram produzidas.

---

23 O monstro do lago Ness, monstro de Loch Ness, também conhecido simplesmente por Nessie, é um criptídeo aquático que alegadamente foi visto no Loch Ness (Lago Ness), nas Terras Altas da Escócia. A sua existência (ou não) continua a suscitar debate entre os cépticos e os crentes, e é um dos mistérios da criptozoologia. O monstro de Loch Ness é descrito como uma espécie de serpente ou réptil marinho, semelhante ao plesiossauro, um sauropterígeo pré-histórico. Fonte disponível em: https://pt.wikipedia.org/wiki/Monstro_do_lago_Ness

24 Sigla para Objeto Voador Não Identificado.

25 O documento aqui considerado refere-se ao oficial, reconhecido oficialmente enquanto prova de um estado, condição, habilitação, fato ou acontecimento. Mais à frente introduziremos a noção de documento com o qual queremos trabalhar, proposto pelos movimentos históricos da Escola dos Annales e da Nova História. De acordo com esta proposta o documento não é mais tomado como a prova oficial de um acontecimento, mas como um monumento, que deve ser questionado a todo momento pelo pesquisador.

Imagem 3 – Trasladação 2016

Fonte: Arthur Santos.

Por outro lado, imagens fotográficas há décadas estampam jornais, revistas e noticiários televisivos, constituindo um acervo de acontecimentos narrados por imagens que cresce a todo instante. Essas imagens parecem estar autorizadas a descrever acontecimentos sem que haja espaço para que se duvide da maneira como foram concebidas, sem espaço para a hesitação com relação ao conteúdo que trazem.

Diferentemente das imagens fotográficas descritas há pouco, as imagens que compõem esse acervo parecem ser dotadas de uma verdade mais difícil de contestar, são imagens documentos (ou seriam imagens tornadas documentos?). O Fotodocumento, que posteriormente inspirou a criação do Fotojornalismo[26], surge como efeito do pensamento que toma a prática fotográfica como atividade de registrar a realidade (ROUILLÉ, 2009).

Deve-se pontuar que o império das fotografias-documentos foi há algum tempo abalado, entre os motivos pelos quais a descrença atingiu esse domínio de verdades está o avanço tecnológico que permitiu o surgimento do cinema e das câmeras filmadoras, dispositivos considerados mais sofisticados. No entanto, o que acende minha curiosidade é a resistência com que algumas fotografias continuam a serem tomadas

---

26 O Fotojornalismo é um ramo da fotografia que busca com o fotografar a produção de imagens informativas, com conteúdo claro e objetivo.

tais quais documentos oficiais e, sobretudo, a dúvida com que, em geral, se hesita em problematizá-las.

Para entendermos os processos que fizeram da fotografia documento e mais adiante prática artística teremos que atentar para o que nos dizem alguns teóricos, historiadores e filósofos da imagem e da fotografia. Escolhi para esta discussão quatro dos principais pensadores da fotografia que julgo mais importantes para a composição desta análise: André Rouillé, Susan Sontag, Boris Kossoy e Roland Barthes.

Minha intenção com estes autores é, primeiramente, mostrar de que forma a fotografia foi situada logo no início de seu surgimento, enquanto documento, acompanhando as forças e regimes de verdade que possibilitaram o aparecimento da fotografia-documento (fotodocumento). Da mesma forma, tentarei apresentar de que maneira o legado documental da fotografia foi abalado, e como foi permitido o pensamento de uma arte expressa pela fotografia, emergindo assim a fotografia como prática expressiva (fotografia artística ou fotografia autoral).

Essas considerações iniciais são válidas para podermos entender de que maneira a fotografia está presente entre nós atualmente, como fazemos dela uma prática, uma vez que – como primeira análise – a prática da fotografia na atualidade parece estar em um limiar que a encerra entre documento e arte, tal como o título da obra de André Rouillé (2009).

Contudo o que mais me interessa neste momento é observar como a fotografia é constituída enquanto prática, portanto, quais regimes de verdade produz e reproduz, para assim compreender e apontar os efeitos de subjetivação que surgem dessa prática, os sujeitos que produz. Ao falar de fotografia pode-se dar a impressão de que seu fazer subtrai-se de alguém que o faz. A figura do fotógrafo, na era da fotografia documental, quase nunca é suscitada enquanto agente da ação. É como se, por um breve momento, a fotografia se autossustentasse. Um grande vácuo se observa entre a máquina e a foto, talvez efeito de uma época em que se acreditava na não intervenção humana como possibilidade de alcançar um fazer objetivo e neutro.

2.2 Fotografia e produção histórica de verdades

Segundo Kátia Hallak Lombardi (2008), Benjamim (1996), ao comentar a fotografia da vendedora de peixes de New Haven[27], em seu *Pequena história da fotografia,* teria percebido o surgimento da figura

---

27   Autoria de David Octavius Hill.

anônima, em uma época em que eram comuns os retratos encomendados. Para a autora, esse apontamento de Benjamim anuncia o início daquilo que posteriormente viria a se chamar *fotografia documental*. Já comentei, no início deste capítulo, que a proposta de uma fotografia documental tem como base registrar a realidade tal como é, a imagem livre de supostos disfarces e falseamentos. O conceito de fotografia documental teria, inclusive, sustentado o conceito de fotojornalismo que surgiria mais tarde.

Imagem 4 – A vendedora de peixes de New Haven David

Fonte: Octavius Hill.

O fotojornalismo consiste em apresentar a cena do acontecimento a ser noticiado ao modo como de fato ela teria ocorrido. Essa ideia continua viva, ainda, no jornalismo atual. Ambos os conceitos (fotografia documental e fotojornalismo) situam-se em certo princípio de realidade universal, ou seja, carregam consigo a ideia de que há uma verdade das coisas e dos acontecimentos que deve ser perseguido, preservado e repassado.

Desde as primeiras imagens produzidas durante longos períodos de exposição ao sol, e mais tarde com a invenção de Daguerre[28] que mecanizou e sistematizou o processo fotográfico em um aparelho, as imagens fotográficas já impressionavam por sua precisão e detalhes. Por este motivo, a fotografia tem sido utilizada em diversas áreas de conhecimento como suporte para produção de arquivos e coletas de dados.

Boris Kossoy (2001), por exemplo, ao argumentar sobre a utilização de fotografias como fontes históricas, apresenta o que seriam suas considerações para o uso de imagens com esta finalidade. O autor ressalta a intenção e vontade daquele que está motivado a fotografar. Desconsiderando-se os disparos acidentais, toda fotografia surge de uma motivação.

Desta forma, a captura de uma imagem dependerá sempre das escolhas do fotógrafo que opta visibilizar determinada cena em detrimento de outras tantas. Assim, suas intenções estão presentes nas escolhas do aparelho, do ângulo da imagem, da técnica empregada, além de tantos outros processos de edição e exposição que tomarão parte na composição final da imagem.

Para o autor, ao congelar um momento em forma de fotografia teríamos então a produção de uma nova realidade (segunda realidade), nela não há passado nem futuro, apenas o instante parado, inerte. A imagem fotográfica descolada do acontecimento real seria então capaz de incitar novas interpretações ao disparar sentimentos e emoções naqueles que a contemplam. Portanto, uma nova realidade se apresenta, realidade do documento. Nas reflexões de Kossoy (2001) a primeira realidade se refere não a cena, mas ao processo que gerou a cena a ser fotografada. O acontecimento antes da câmera que despertou interesse no fotógrafo.

> Inicia-se, portanto, uma outra realidade, a do documento: a *segunda realidade,* autônoma por excelência. Este não apenas conserva a imagem do passado, faz parte do mundo: "ele pode mesmo ser fotografado" (KOSSOY, 2001, p. 44).

---

28   Louis Jacques Mandé Daguerre foi o inventor do primeiro aparelho fotográfico a ser lançado e comercializado ao grande público, o daguerreótipo, em 1839.

Kossoy (2001) diz ser possível a utilização da fotografia como documento histórico, apesar de certo preconceito que este material sofre quando comparado aos documentos escritos[29]. Contudo insiste que para uma análise válida é necessário cuidado com todos os detalhes que a fotografia traz consigo. Na concepção deste autor, por este material produzir uma segunda realidade do acontecimento fotografado, seria importante ficar atento para o que estaria por trás da produção da mesma.

Para isso, é necessário consultar a origem do material, o local a que pertencia, lugar e momento em que a imagem foi feita, pesquisar sobre o objeto da fotografia (elemento principal de seu conteúdo) no contexto atual em que foi fotografado e, se possível, entrevistar brevemente o autor das imagens para explorar a intenção com que foram produzidas, bem como demais informações a seu respeito.

Este cuidado tomado pelo autor parece advir de uma certa desconfiança que paira sobre as imagens documento na atualidade. Kossoy (2001) pouco problematiza o documento fotográfico. Suas discussões estão centradas na possibilidade de utilização da fotografia para compor um inventário histórico, uma tentativa de resgate da fotografia como documento oficial.

Susan Sontag, em sua célebre *Sobre fotografia* (2004) afirma em diversas passagens que uma das potências da fotografia reside nesta quase incontestabilidade de seu conteúdo: "Imagens fotografadas não parecem manifestações a respeito do mundo, mas sim pedaços dele, miniaturas da realidade que qualquer um pode fazer ou adquirir" (p. 14-15). Pedaços de realidade que podemos levar conosco e apresentar para qualquer um, dando provas de que algo aconteceu e foi registrado em foto.

Ao focar em um objeto ou cena uma câmera pode intimidar tal qual uma arma, pois fotografar pode ser também um ato de violência que incrimina pela imagem. Sua larga utilização pelo jornalismo foi materializada no conceito fotojornalismo que, como já mencionado, implica uma prática investigativa específica, comprometida com a ideia de uma verdade transcendente.

> Fotos nos oferecem um testemunho. Algo de que ouvimos falar mas de que duvidamos parece comprovado quando nos mostram uma foto. Numa das versões de sua utilidade, o registro da câmera

---

29 O declínio da fotografia documental começou a ser notado a partir do início da década de 80. Aprofundaremos este assunto mais a frente com as contribuições de André Rouillé.

incrimina. Depois de inaugurado seu uso pela polícia parisiense, no cerco aos *communards,* em junho de 1871, as fotos tornaram-se uma útil ferramenta dos estados modernos na vigilância e no controle de suas populações cada vez mais móveis. Numa outra versão de sua utilidade, o registro da câmera justifica. Uma foto equivale a uma prova incontestável de que denominada coisa aconteceu. A foto pode distorcer; mas sempre existe o pressuposto de que algo existe, ou existiu, e era semelhante ao que está na imagem (SONTAG, 2013, p. 16).

Em *A Câmara Clara* (2012), Barthes insiste em procurar uma definição exata para o que chamamos de fotografia. Em uma intensa reflexão chega à conclusão de que aquilo que definiria a fotografia como uma prática distinta seria a constatação de um paradoxo nela existente, a presença e ausência do objeto. Toda fotografia ratifica a ideia de que algo esteve presente diante da objetiva e tornou-se – de certa forma – permanentemente presente na imagem.

Desse modo, a imagem fotográfica seria composta de uma "dupla posição conjunta: de realidade e de passado", uma imposição que o autor aponta como sendo a essencialidade da fotografia (sua noema) que ele nomeia "isso foi". Observamos que em *A Câmara Clara* não apenas a fotografia torna-se um instrumento de investigação, mas ela própria é alvo de práticas investigativas de pensadores e pesquisadores que insistem em atribuir-lhe uma verdade única.

Tentar conceituar a fotografia, como alguns pensadores têm proposto, não nos leva a uma compreensão de como esta prática é produzida historicamente, mas aponta um conjunto de vizibilidades e dizibilidades das quais a fotografia e outras práticas fazem parte. Esta é a crítica de André Rouillé (2009) em relação à literatura que tem sido produzida sobre o tema ao longo dos anos. Por isso o autor prefere cercar os acontecimentos que fazem a fotografia emergir enquanto prática no século XIX.

2.3 A produção do documento visual fotográfico

A fotografia surge como um marco nas sociedades europeias do século XIX. Subjetivadas pelos processos de industrialização e pelo século das luzes, as sociedades (inicialmente francesa e inglesa) viram despertar nessa tecnologia uma possibilidade de registro que superava qualquer pintura mais realista da época. Em *A Fotografia – entre documento e arte contemporânea,* Rouillé remonta os processos que contribuíram para produzir um modo de fotografar que, mais tarde, seria chamado fotografia documental. Para tanto, ele lembra que o surgimento da fotografia coincidiu com um intenso período de industrialização na Europa. Entre a organização e o aumento das cidades, o surgimento das primeiras fábricas, o aprimoramento dos processos de montagem e produção, o aparecimento de meios de transporte mais sofisticados que diminuíam a distância entre as cidades e os países, e o espírito positivista fervilhando como parte das mentalidades que circulavam naquele período, a fotografia entra em cena como um produto vitorioso do chamado progresso científico. Tão logo comparada à pintura, ela parecia ser uma produção mais democrática, pois, diferente de uma tela, nela as coisas, supostamente, eram mostradas às claras, ou seja:

> Significa que, de um lado, a fotografia não hierarquiza, devido a uma espécie de princípio democrático natural e específico; por outro lado, mostra que, para ela, a terra e o céu, a catedral e o grão de areia são, daí em diante, iguais. Em outras palavras, a imagem fotográfica ignora a transcendência, transporta os valores sagrados do céu para o plano das coisas triviais do mundo profano: a catedral, doravante, equivale ao grão de areia (ROUILLÉ, 2009, p. 59).

Nesse ponto, residiria a grande divergência entre a fotografia e a pintura – conforme Rouillé (2009) discute –, já que na pintura os objetos apresentados estão dispostos à vontade daquele que produz a obra. Para explicar melhor, Rouillé retoma a chamada *Teoria dos Sacrifícios,* a partir do *Journal* de Eugène Delacroix. Tomando essa teoria se estabelece primeiramente uma diferenciação fundamental entre a fotografia e a pintura. Enquanto o pintor compõe a tela fazendo distinção entre os elementos, ressaltando certos pontos, encobrindo outros, lançando na tela em branco uma interpretação própria da realidade, o fotógrafo, por outro lado, em nada influenciaria ao mostrar a realidade, "o fotógrafo 'tira', o pintor compõe; a tela é uma totalidade, a fotografia é apenas um fragmento" (ROUILLÉ, 2009).

Como um instrumento de registro, a fotografia parecia então superar a pintura, uma vez que esta – particularizada enquanto arte – é uma prática que depende inteiramente do pintor. A mecanicidade do processo fotográfico parece se encaixar perfeitamente nas imagens emblemáticas da sociedade industrial, onde a intervenção humana costuma ser – em parte e aos poucos – desprezada. Ela (a fotografia) era a materialidade de uma relação direta com a realidade. Deve-se pontuar que a fotografia em si não basta para estabelecer sua conexão com o real. A atividade de produzir imagens através do daguerreótipo implica uma mecânica específica, uma relação com a máquina, uma atividade menos artesanal – menor intervenção humana, um maquinário específico; a própria imagem da sociedade industrial. A fotografia parecia ser a ferramenta perfeita para a ocasião, mais adequada para documentá-la, da mesma forma que a sociedade industrial foi sua condição de possibilidade (ROUILLÉ, 2012, p. 16).

Os avanços das ciências e as grandes descobertas contribuíram para o surgimento de outras invenções como a locomotiva (1804), a anestesia (1846), a lâmpada incandescente (1854), o telefone (1854), o dirigível (1863), o termômetro clínico (1866), o automóvel (1886), a pilha elétrica (1881), o toca-discos (1888), entre muitas outras invenções que figuraram no século XIX juntamente com a fotografia, empolgando os que experimentavam as novidades proporcionadas por estas invenções. A partir deste ponto, Rouillé esmiúça as linhas que produziram a fotografia como um documento visual. Para isso, o autor lembra que não eram todas e quaisquer fotos que eram consideradas documentos. Pensar uma prática documental da fotografia implicava, já naquele momento, uma prática específica de produção de imagem fotográfica. Ele lembra que em 1910, em um Congresso Internacional de Fotografia, em Bruxelas, decidiu-se que o termo "documento" somente seria utilizado às imagens que "podem ser utilizadas em estudos de naturezas diversas"[30]. A característica do documento residiria então em sua potencialidade utilitária.

Tal como o fotojornalismo, do qual já esbocei alguns comentários; a fotografia documental estava diretamente ligada a um modo de fotografar específico. Podemos entender que ela parte de dois pontos fundamentais no século XIX: a primeira é a relação da fotografia com a verdade, que já expliquei; a segunda é a sua relação com o conceito de realidade[31]. No entanto, verdade e realidade não seriam concepções

---

30 Soupault Philippe, "État de la photographie", em *Photographie, arts et métiers graphiques* (álbum, 1931 *apud* BAQUÉ, Dominique. **Documents de la modernité**. Nîmes: Jacqueline Chambon, 1993. p. 61 *apud* André Rouillé).

31 O conceito de realidade ao qual me refiro aqui se aproxima de concepção metafísica dos acontecimentos. Realidade como verdade única e transcendente.

inerentes à fotografia. Rouillé pontua que essa relação foi constituída juntamente com o avanço do século XIX e, sobretudo, com a crença depositada no progresso científico tecnológico. Para isso ele se serve do conceito de "fidúcia", utilizado no direito e na economia, para designar o tipo de relação que se mantinha com a imagem fotográfica. Fidúcia significa a confiança, a fé, o valor, necessários para que contratos e trocas fossem possíveis. Como exemplo, ele utiliza a relação que se tem com a moeda; tal relação se mantém por meio de uma confiança estabelecida e que possibilita a troca de mercadorias por um valor econômico correspondente. Sem esta confiança na figura monetária não seria possível sua circulação no mundo.

Esta relação com o dinheiro se assemelha à relação que mantemos com a imagem, relação fiduciária. Portanto, no século XIX, de acordo com Rouillé (2009), estabeleceu-se uma relação fiduciária com a fotografia, uma confiança na imagem. Resta assim perguntar de que forma e a partir de quais forças essa confiança nas imagens se afirmou, para então visualizarmos a produção da fotografia documento. Rouillé (2009) então apresenta o que seriam, para ele, os enunciados da verdade que possibilitaram pensar a fotografia enquanto um documento no século XIX.

2.4 Arqueologia da verdade: fotografia, saberes, poderes e efeitos de subjetivação

Com Rouillé percebemos alguns saberes que sustentam a prática da fotografia no século XIX. O chamado conhecimento científico com o qual a fotografia enquanto tecnologia foi produzida, pode ser demarcado como um deles. Já sabemos também que a fotografia é uma invenção que despontou no intenso processo de industrialização da Europa, sua tecnologia foi produto de diversas pesquisas e interesses daquele momento. Desde a invenção da câmera escura[32] o desejo de fixar a imagem em uma superfície já inquietava diversos curiosos da época. Portanto, sua invenção, de certo modo, estava sendo esperada,

---

32 A câmara escura é um tipo de aparelho que foi muito utilizado para o estudo dos fenômenos ópticos. Este aparelho esteve na base do desenvolvimento da fotografia. Consiste em uma caixa fechada com um orifício em uma das extremidades por onde a luz externa passa e atinge uma superfície interna da caixa onde é projetada a imagem do objeto (invertida e enantiomorfa) que está à frente do orifício.

assim como as de diversas máquinas que surgiram nos anos anteriores e posteriores ao aparecimento das primeiras fotos.

Sabemos também que a entrada da fotografia nesse cenário de industrialização recai sobre ela na forma de um olhar específico sobre sua prática que, somado a outros efeitos do processo de industrialização, contribuíram para elaborar o conceito de fotografia documental, fundamentado em uma crença na imagem fotográfica como um recorte do mundo real.

No entanto, Rouillé (2009) se pergunta: "O que sustenta essa crença na exatidão, verdade e realidade da fotografia-documento?" (p. 63). Bem, como resposta ele nos apresenta três possíveis motivos. O primeiro estaria na capacidade que a fotografia tem de aperfeiçoar, racionalizar e mecanizar uma organização imposta ao Ocidente desde o século XV. O autor argumenta que a imagem em perspectiva traduz o mundo através de um enquadramento codificado, convencional, ou seja, a fotografia é a imagem que – ao mesmo tempo – engloba o trabalho mimético mecanizado.

A associação entre essa mecanização da mimese com outro elemento "acionador de exatidão e da verdade", o registro químico das aparências, corresponde, para o autor, ao segundo motivo que sustentaria a crença nas imagens fotográficas. "As propriedades químicas da impressão reúnem-se às propriedades físicas da máquina para renovar a crença na imitação" (ROUILLÉ, 2009, p. 64). A fotografia renova o verdadeiro em face da crise da verdade que afetou a escrita e o desenho, atrelando a física à química.

Por fim "se a fotografia pode assim renovar os procedimentos do verdadeiro é graças às mudanças profundas na própria economia da imagem, é em razão de sua modernidade" (ROUILLÉ, 2009, p. 64), aqui estaria seu terceiro motivo. No lugar do trabalho artesanal do desenho, expressão da habilidade manual do artista, eis o paradigma industrial da fotografia, a captura da aparência das coisas pela máquina, foco da sociedade industrial.

Rouillé assinala que, juntamente com os três motivos apresentados, a verdade na fotografia é sustentada por diversas *máquinas de ver*. "O encontro da ordem das coisas e a ordem das imagens pode resultar na ficção de transparência das imagens" (ROUILLÉ, 2009, p. 68). Ele lembra que após a entrada da fotografia nas práticas científicas, como por exemplo, sua utilização por zoologistas renomados para fins de observação e estudo de animais, a fotografia chega ao patamar de quase poder substituir o próprio objeto, dado ao detalhamento evidenciado nas imagens quando observadas com a ajuda de uma lupa.

Por fim, completa com um citação de Erwin Panofsky: "Não é exagero afirmar que, na história da ciência moderna, a introdução da perspectiva marcou o início de um primeiro período; a invenção do telescópio e do microscópio, de um segundo período; e a descoberta da fotografia, o início do terceiro: nas ciências de observação ou de descrição, a imagem não é tanto a ilustração do exposto, senão o próprio exposto".[33]

Novamente relembro que o culto ao referente, observado na obra de Barthes (2012), reduz a prática fotográfica à função de registro. A fotografia, para Barthes, parece não existir para além de seu referente: "[...] eu só via o referente, o objeto desejado, o corpo prezado [...]" (2012, p. 16), completa. Mesmo após suas conclusões, diante do famoso "isso foi" barthesiano, noema da fotografia, a fotografia não parece existir para além do objeto.

Assim, concluo que os pares fotografia/verdade e fotografia/realidade são também efeitos de práticas e de forças que se produzem e se intensificam no seio da sociedade industrial no século XIX. Tais efeitos podem ser observados ainda nos dias atuais, pois a fotografia ainda não abdicou completamente desse lugar de registro nas páginas de jornais e revistas, nas práticas investigativas etc.

Observamos com Barthes e com os demais autores uma tentativa insistente de definir alguns parâmetros para justificar a prática da fotografia como um fazer específico. Essa parece ter sido uma preocupação recorrente desde o surgimento da fotografia: instituir o seu lugar. A preocupação com o lugar da fotografia a enquadra em um discurso sobre sua realidade e/ou sua ficção, sem possibilidades aparentes de pensá-la para além desses dois polos.

A inquietação com a natureza da fotografia faz com que, no século XIX, seja pouco problematizada a posição do fotógrafo como parte dessa produção. Ao lermos os escritos de André Rouillé sobre a fotografia documental e, principalmente, nas citações e reflexões de autores do século XIX, percebe-se o fotógrafo como um personagem alheio ao processo de produção da imagem.

---

33 PANOFSKY, Erwin. "Artiste, savant, génie. Notes sur la Rennaissance-Dämmerung". L'oeuvre d'arte et ses significations. Paris: Gallimard, 1969. p. 118-119 apud ROUILLÉ, A. **A fotografia – entre documento e arte contemporânea**. São Paulo: SENAC, 2009. p. 68-69.

A figura do fotógrafo naquele período é pouco problematizada ou não existe; no lugar dele resta apenas um indivíduo quase inerte que passa a impressão de não estar implicado no resultado da imagem, o que parece corroborar com as mentalidades que tratavam a fotografia como uma prática livre das intenções e possíveis "deslizes" humanos, tal qual aponta a citação a seguir:

> Em 1853, a Academia de Ciências comenta: "Quando faz um desenho, o zoologista só representa o que observa em seu modelo, e, consequentemente, a imagem traçada pelo seus lápis traduz apenas a ideia mais ou menos completa que ele formou da coisa a ser reproduzida".[34] Com uma fotografia, é completamente diferente, ela "dá não somente o que o próprio autor viu e quis representar, mas tudo o que é realmente visível no objeto reproduzido".[35] [...] Por ser demasiadamente humano, o desenho de observação pode ser acometido por uma espécie de cegueira, em razão dos próprios limites do desenhista: os de suas capacidades perceptivas, os de suas ideias preconcebidas, os de suas escolhas e vontades (ROUILLÉ, 2009, p. 41).

A figura do fotógrafo como sujeito da prática fotográfica surge apenas quando se abre uma brecha para pensar a fotografia como expressão. A fotografia parece começar a sair de uma posição de imparcialidade para uma prática que dependerá, principalmente, das articulações daquele que fotografa. Recursos a esse não faltarão. As tecnologias de edição de imagens estão mais sofisticadas atualmente, de fato. Contudo, esquecemos que desde a época dos famosos retratos, os elementos de composição para produzir uma foto já eram frequentes. O próprio Barthes (2012) faz referência ao ato de posar para uma foto como um exemplo comum de forjar uma imagem. Sem incorrer no equívoco discursivo de defesa de uma prática verdadeira da fotografia, quero apenas ratificar que ela é uma produção que não pode ser tomada como um fazer inocente e liberto de interesses de qualquer ordem.

Distante do discurso artístico, o crescimento da mídia exerce um controle ainda mais potente sobre as imagens, por conta – talvez – da extensão informacional e populacional atingida por esses canais de

---

34 "Raport sur un ouvrage inédit intitulé: *Photographie zoologique* para MM Rousseau et Devéria", em Comptes rendus hebdomadaires des séances de lAcadémie des Sciences, t. XXXVI. Paris: 1853 *apud* Rouillé, La photographie en France, cit., p. 77-78.
35 *Ibidem*.

comunicação. Com a explosão da guerra do Vietnã, por exemplo, as imagens de vítimas e combatentes mortos e feridos corriam o mundo. A cena da pequena Kim Phúc[36] correu o mundo causando desconforto e revolta em muitas populações. O horror da guerra invadia os lares de milhões de pessoas que, através de seus televisores e jornais, eram escandalizados por fotos e filmagens. Diante do horror explícito parte da população norte americana foi às ruas protestar pelo fim da guerra.

Casos emblemáticos como este podem ter causado alguma preocupação às agências de notícias do mundo inteiro, pois algum tempo depois o controle das imagens reportadas tornou-se mais rígido e necessário. Trinta e cinco anos mais tarde, o que seria mostrado pela mídia nacional e internacional sobre a Guerra do Golfo não corresponderia a nada comparado às imagens marcantes e traumáticas de outrora (ROUILLÉ, 2009).

Devemos pontuar, contudo, que o controle das imagens não se dá unicamente na esfera da comunicação e da publicidade, esse cuidado se estende a toda produção de imagens. O fotógrafo não é ingênuo. A fotografia não é uma produção sem intenção estética. Ela obedece a uma lógica em rede, que conecta dispositivos, articula interesses, estabelecendo regimes de verdades, produzindo saberes, forjando subjetividades. A dissertação de Ana Carolina Farias Franco[37] aponta bem de que forma as imagens fotográficas, por exemplo, estão produzindo subjetividades na composição com jornais e textos jornalísticos, na produção de uma juventude cruzada pela associação entre pobreza e violência, que aciona o "dispositivo de periculosidade" a partir de informações minuciosas, a denominada "vida pregressa", de jovens infames.

Ao falar do ofício do fotógrafo o filósofo Vilém Flusser (2002) em sua *Filosofia da Caixa Preta* compara o movimento de quem fotografa (sua prática) ao de um caçador. Para o autor, a intencionalidade do fotógrafo está na forma como ele manuseia o aparelho, agindo por meio de escolhas a partir da potencialidade que seu aparelho fotográfico em sua programação permite.

Flusser explica que para a composição de fotografias o fotógrafo se utiliza de uma relação espaço-temporal. O tempo que ele utiliza

---

36   Em 8 de junho de 1972 a então garotinha de 9 anos de idade, Kim Phúc, tentava fugir de um bombardeio que destruiu seu vilarejo, Trang Bang, durante a Guerra do Vietnã. Uma foto da pequena correndo nua com o corpo parcialmente queimado, cuja autoria é do fotógrafo Huynh Cong Ut, correu o mundo denunciando os horrores da guerra.

37   Cartografias do Diário do Pará: Um estudo genealógico do acontecimento homicídio contra jovens em um jornal impresso.

não é o cronológico, mas divido em regiões, regiões temporais produzidas pela cultura; espaço-tempo divido em regiões, cujo centro é o objeto fotografável.

> Há região espacial para visões muito próximas, outras para visões intermediárias, outra ainda para visões amplas e distanciadas. Há regiões espaciais para perspectiva de pássaro, outras para perspectiva de sapo, outras para perspectiva de criança. Há regiões espaciais para visões diretas com olhos arcaicamente abertos, e regiões para visões laterais com olhos ironicamente semifechados. Há regiões temporais para um olhar-relâmpago, outras para um olhar sorrateiro, outras para um olhar contemplativo. Tais regiões formam rede, por cujas malhas, a condição cultural vai aparecendo para ser registrada (FLUSSER, 2002, p. 24).

Note que Flusser coloca uma dimensão intencional no ato de fotografar. Sua concepção de regiões temporais para a fotografia posiciona o fotógrafo no lugar de autor da cena. Leitor da cultura, o fotógrafo passa a ser aquele que compõem a imagem de acordo com a ótica cultural, utilizando-a em favor de seus objetivos e proposições. Essa perspectiva cultural deflagra um olhar que fotografa; formas de olhar que são partes da cultura que, por fim, estabelece tais regiões e a maneira como reconhecê-las, tanto para aquele que fotografa, como para aquele que aprecia a foto. O espaço-tempo para quem fotografa é a postura ética assumida na ação. A habilidade do fotógrafo, portanto, estaria no manuseio de seu aparelho, na condução desse maquinário durante o fotografar, produzindo aquilo que o seu olhar direciona em acordo com o que seu aparelho permite. Para Flusser (2002) o fotógrafo goza de autonomia junto ao aparelho fotográfico, emancipando-se de sua condição cultural através do seu gesto (gesto de fotografar), em uma combinação entre as habilidades daquele que fotografa e a funcionalidade do aparelho.

> Ao fotografar, o fotógrafo salta de região para região por cima de barreiras. Muda de um tipo de espaço e um tipo de tempo para outros tipos. As categorias de tempo e espaço são sincronizadas de forma a poderem ser permutadas. O gesto fotográfico é um jogo de permutação com as categorias do aparelho. A fotografia revela os lances desse jogo, lances que são, precisamente, o método

fotográfico para driblar as condições da cultura. O fotógrafo se emancipa da condição cultural graças ao seu jogo com as categorias (FLUSSER, 2002, p. 24).

Concluo este capítulo compreendendo que fotografias são constituídas a partir de uma rede de forças; de uma trama da qual o fotógrafo é parte do processo por conta de suas escolhas, suas habilidades com o aparelho, sua motivação para fotografar; somam-se a esse processo, a configuração do aparelho escolhido, os procedimentos de edição da imagem e a forma como elas serão articuladas em exposições, livros, jornais, revistas etc. Esse fluxo frenético e ininterrupto que faz emergir fotografias, que objetifica o mundo, as existências, que forja realidades, são as lógicas culturais, sociais e subjetivas de um tempo. O que vemos em imagens fotográficas são, portanto, composições de nossas lógicas e subjetividades, das realidades afirmadas em discursos e ideias.

Portanto fotos podem ser estudadas e analisadas enquanto discursos que não devem ser tratados "como conjuntos de signos (elementos significantes que remetem a conteúdos ou representações), mas como práticas que formam sistematicamente os objetos de que falam" (FOUCAULT, 2005, p. 55). Fotos contam sobre o Círio de Nazaré, fazendo circular racionalidades sobre a festividade. Na escolha do que e de como fotografar objetifica-se a festividade pelas lentes das câmeras em composição de imagens, mas também se desloca daquilo que se é para viver um encontro com o imprevisível, com aquilo que há de acontecimental no evento, ainda que o objetivo seja o *clichê*, a monotonia, a repetição: "Queria fotografar a Berlinda para produzir um *clichê* bem feito. O crachá de imprensa me possibilitou ficar exatamente ao lado dela. Ali, naquele caminhar, esperando o momento certo para fotografar, me deparei com aquela cena, aquelas dezenas de pessoas impondo suas mãos em direção à Berlinda, me emocione, chorei, rezei (coisa que não faço). Era a fé que se renovava em mim. Olhando essa foto aquele momento retorna". A fala do participante Breno é carregada de uma emoção de quem não esperava encontrar o que encontrou; é a fala de alguém que se percebeu tocado pelo intempestivo, reação que o marasmo ritualístico religioso não permite; resposta daquele que se depara com a diferença.

Imagem 5 – Trasladação 2014

Fonte: Breno Moraes.

O verdadeiro na fotografia não está naquilo que revela enquanto documento, nem [somente] naquilo que expressa enquanto arte, mas nos agenciamentos que produz, nos corpos que conecta durante todo o seu processo. Tais conexões são múltiplas e infinitas; arrebatam-nos; fazem-nos entrar por caminhos e realidades outras. Ao entrar em contato com as palavras de Breno, vejo-me como parte do processo que o arrebatou, sinto-me assim tomado por suas palavras, sinto-me como que compartilhando de sua fé, de suas emoções. Ao olhar sua fotografia sinto-me em contato com Breno, tomado por sua imagem e suas palavras. O olhar de Breno na foto coloca-me diante de uma perspectiva nova do Círio, coloca-me diante daqueles que fazem o Círio, daqueles que anualmente esforçam-se para estarem ali, não somente como promesseiros, mas todos e todas que se envolvem com a festividade direta e indiretamente. A imagem é quase um convite a observar a procissão do ponto de vista de quem está na Berlinda, que não pode ser outra a não ser a pequena estatueta de Nossa Senhora de Nazaré. Vejo então o Círio da Berlinda, e quase chego a tocar a fé dos devotos que se expressa na emoção e na imagem do fotógrafo.

CAPÍTULO III
CARTOGRAFIAS DO ACONTECIMENTO CÍRIO DE NAZARÉ: fotocartografia de uma devoção

3.1 O Laboratório (Lab. Círio)

Neste capítulo apresento o laboratório através das falas dos participantes especiais, transcritas na íntegra e dividas em três encontros. Utilizo também como fontes as minhas anotações no diário de campo, as fotos produzidas no laboratório, bem como as fotos das noites dos encontros, e a roda de conversa que realizada com alguns participantes para trançar um Círio vivenciado nessa experiência coletiva.

Falar do Círio enquanto produção é falar de um lugar específico, de um Círio produzido em perspectiva. Nesse sentido, por meio do fotografar se assume um lugar, um modo de experimentar a festividade por um caminho interposto entre a objetiva, o fotógrafo e os procedimentos desenvolvidos para a produção de imagens fotográficas que se aproximam das visibilidades dominantes, mas que também resistem a cooptação. Este trabalho consistiu em mostrar esse caminho.

O termo Fotocartografia é uma intervenção[38] neste trabalho e uma novidade dentro das pesquisas em psicologia, uma sugestão do professor

---

38   O termo intervenção faz referência aqui à ideia proposta pela Análise Institucional para a qual "o momento de intervenção é o momento de produção teórica e, sobretudo, da produção do objeto e sujeito do conhecimento" (PASSOS; ROSSI, 2014, p. 176), ou seja, neste sentido não haveria mais espaço para pensarmos em objeto e sujeito da pesquisa enquanto dados naturais, mas a partir de movimentos enquanto processos de subjetivação e objetivação (PASSOS; BENEVIDES, 2000). Assim, a proposta de compor uma Fotocartografia, nesta pesquisa, é uma intervenção na medida em que propõe uma análise dos processos de produção de imagens fotográficas que têm efeitos de objetificação do Círio de Nazaré, pensado, para composição desta pesquisa, como uma produção interrupta no e com o fotografar e não como um dado natural. Da mesma forma, como movimento desse agenciamento de forças no fotografar tem-se outro braço dessa análise, colocado

Leandro Passarinho, membro do Programa de Pós Graduação em Psicologia da Universidade Federal do Pará, que compôs a banca de defesa desta dissertação, e que sugeriu a nomenclatura por se tratar de um trabalho que se utiliza da cartografia como metodologia e da fotografia como fonte. Porém intento ir além. O que proponho como fotocartografia é um método de pesquisa em psicologia que acompanha a produção fotográfica como prática coletiva e experiência de si, ou seja, nesse tipo de cartografia acompanhei processos de subjetivação a partir da fotografia enquanto prática (o fotografar). Assim, diferencio também esta fotocartografia daquela que é produzida nas pesquisas no campo das Ciências Sociais, denominada fotocartografia sociocultural, pois nessa última a fotografia entra como um recurso de análise para a composição de uma cartografia que "auxilia a perceber e a reconstituir, no plano social, as ações políticas da sociedade civil e as atividades cotidianas desenvolvidas como modos de vida" (NOBRE, 2011, p. 59), fazendo uso da fotografia como um mapa representativo de algo ou alguém cuja existência é um fato comprovado, tal como discute Itamar Nobre (2011), uma vez em que "estiveram situados no tempo e no espaço como representação sociocultural daquele momento histórico" (NOBRE, 2011, p. 72). A fotocartografia pensada para esta pesquisa se afasta da proposta de fotocartografia social na medida em que aqui não se faz acepção da ideia de existência enquanto fato dado e natural, mas sim enquanto produção e efeito de forças constituídas historicamente e, tampouco, se concebe a ideia de fotografia como representação. Penso então em pluralidades existenciais, ou seja, multiplicidades enquanto realidades produzidas a partir de agenciamentos de forças históricas, culturais, sociais, econômicas etc.

 Como já mencionei, o Círio é uma potência que vibra em múltiplos planos. Nas práticas religiosas e artísticas, na política e na ciência, o Círio é uma maquinação inesgotável, potência inventiva em diversas superfícies que se conectam, agenciando subjetividades, apontando lugares de sujeitos e produzindo efeitos de subjetivação na relação com a cidade e com os costumes, constituindo territorialidade. Da mesma forma, nessa rede de conexões, precisamos estar atentos para os pontos de fuga, para as linhas que escapam e que produzem estranhamento diante de formas mais ou menos definidas de Círio e de identificação

---

em termos de processos de subjetivação, ou seja, formas de constituição de si que emergem no e com o fotografar, descritos aqui a partir dos movimentos dos fotógrafos pelo campo e suas constituições enquanto sujeitos deste campo.

com ele. Desconstruções e desterritorialidades provocadas pela relação do fotografar com a festividade, que se imaginava ser um tanto quanto sólida, constituída e impenetrável.

3.2 Primeiro Encontro

Imagem 6 – Lab. Círio 2014

Fonte: Associação FotoAtiva[39].

Revisitando esse espaço de produção laboratorial por meio do diário de campo, tento traçar algumas coordenadas deste percurso e, então, me deparo com algumas notas que tomei naquele primeiro encontro, no dia 23 de setembro de 2014. Logo na primeira linha, observo a seguinte anotação: "Círio e espaço de troca". Folheando mais à frente percebo outra anotação: "Faz parte de mim, faz parte do outro. Como criar uma exterioridade?". E, logo mais: "Discutir e experimentar o projeto de cada um". Essas impressões dão sinal de uma possível abertura, algumas coordenadas que tomei como pontos de partida para essas discussões que fiz. Lembro que traçar coordenadas em um trabalho cartográfico não significa afirmar um sistema fechado, no qual as coordenadas estariam

---

39 Disponível em: http://www.fotoativa.org.br. Acesso em: 12 dez. 2015.

para delimitar um mapa de linhas imóveis. A tentativa é caminhar sempre em um plano de intensidades, destrinchando as linhas que surgem e afetam o pesquisador. Neste diário, tentei esboçar essas linhas, surgidas nos encontros do laboratório, como proposta de cartografar o acontecimento Círio de Nazaré. Como apontado pelos organizadores, o espaço estava aberto à experimentação e troca, principalmente à troca de experiências com o Círio. Partindo do princípio de que todos os participantes já haviam entrado em contato com o tema Círio em suas atividades, foi estabelecido um momento inicial de partilha das experiências individuais de cada integrante do grupo. Para isso, os organizadores sugeriram uma dinâmica de apresentação individual, onde cada participante falava seu nome e fazia um gesto que, em sua opinião, lembrava a Festa Nazarena.

Quase todos os gestos feitos para representar a festividade fizeram referência à grande procissão do segundo domingo de outubro, tendo como ponto principal a figura dos promesseiros que se rendem em sacrifícios por graças alcançadas, na corda[40] ou nas procissões. Os gestos que lembravam os pés descalços dos romeiros e promesseiros, o sofrimento na corda, a euforia em momentos de louvor foram os mais comuns entre os participantes. Pode-se dizer que toda referência ao Círio de Nazaré necessariamente perpassa o campo da religiosidade, porém não se esgota nele. Falar de religiosidade no Círio de Nazaré é, necessariamente, ter que remontar o mito de Plácido, através do qual se tenta contar a origem da intensa devoção popular paraense à Virgem de Nazaré.

Grande parte da historiografia atual do Círio remonta a lenda do caboclo Plácido José de Souza que, no ano de 1700, teria se deparado pela primeira vez com a imagem de Nossa Senhora de Nazaré (estatueta com 28cm de altura) às margens do igarapé[41] de nome Murutucú. Tendo

---

40 A corda faz parte do Círio há 156 anos. Medindo 400 metros de comprimento e duas polegadas de diâmetro, foi introduzida em 1855, quando a berlinda (carro onde é transportada a imagem da santa) ficou atolada por conta de uma chuva. Mas só no ano de 1885 a corda foi inserida oficialmente no Círio, substituindo os animais que puxavam a berlinda. Desde então, foi incorporado à festividade e, passou a ser uma das formas utilizadas para pagar promessas no Círio, como uma espécie de elo entre os fiéis e a santa. A cada ano, milhares de fiéis disputam um espaço para tocar na corda do Círio, a fim de pagar promessas e prestar homenagens à Virgem de Nazaré. "Ir na corda" é considerado um dos maiores atos de fé e devoção à Maria. O material é cedido à diretoria da festividade por um doador anônimo.

41 Um igarapé é um curso d'água amazônico de primeira, segunda ou terceira ordem, constituído por um braço longo de rio ou canal. Existem em grande número na bacia amazônica. Caracterizam-se pela pouca profundidade e por correrem quase no interior

se encantado pela peça, resolveu acomodá-la em sua simples cabana. O culto à Virgem de Nazaré chegou à Belém através dos portugueses, bem antes do ano em que Plácido teria encontrado a imagem. Segundo a lenda, no dia posterior, ao se levantar, Plácido notou que a imagem da santa não estava mais no lugar onde a havia deixado. Após procurá-la de forma insistente, sem sucesso, desistiu. Mais tarde, ao passar novamente pelas margens do Murutucú, percebeu que a imagem que tanto procurava encontrava-se ali, no mesmo local de origem. A lenda conta que o desparecimento misterioso da imagem de Nossa Senhora de Nazaré durante a noite e seu retorno ao igarapé se repetiu por várias vezes.

A notícia se espalhou e chamou a atenção de diversas pessoas que começaram a se dirigir até a cabana de Plácido para comprovar os relatos. Os acontecimentos chegaram até as autoridades locais. Foi então que o governador da província, na época, curioso com os rumores milagrosos que envolviam a pequena imagem, ordenou que a levassem até o palácio onde permaneceu sob vigilância durante a noite. No dia seguinte, ao abrirem o compartimento onde ela havia sido guardada, depararam-se, novamente, com sua falta, tendo voltado mais uma vez ao seu lugar de origem.

Plácido, decidiu então transferir sua habitação para o lugar onde a imagem fora encontrada. Concluiu que o retorno da santa ao igarapé se tratava de um sinal divino; uma forma de demonstrar e chamar atenção para a vontade da Senhora de Nazaré de permanecer naquele local. As narrativas que envolviam a imagem da santa ganhavam mais força, e com o passar do tempo a casa de Plácido tornou-se um centro de visitação e devoção[42] à Virgem de Nazaré. Porém a primeira procissão oficial do Círio de Nazaré foi realizada somente no dia 7 de setembro de 1793, no governo do Capitão-General Dom Francisco de Souza Coutinho (MOREIRA, 2012), que decidiu buscar a imagem venerada para depositá-la na capela do Palácio do Governo, de onde, no dia seguinte, saiu em processão de volta ao seu local natural, a ermida erguida por Plácido. Este movimento

---

da mata. Apenas pequenas embarcações, como canoas e pequenos barcos, podem navegar pelas águas de um igarapé devido a sua baixa profundidade e por ser estreito. A palavra foi adotada do tupi. Significa, literalmente, "caminho de canoa", através da junção dos termos ygara (canoa) e apé (caminho). Fonte disponível em: https://pt.wikipedia.org/wiki/Igarapé

42 Atualmente a ermida construída por Plácido, a partir dos investimentos de fiés e governos ao longo do tempo, tornou-se a suntuosa Basílica Santuário de Nossa Senhora de Nazaré.

de traslado, partindo da ermida para o Palácio e do Palácio, novamente, para a ermida foi realizado como forma de agradecimento à suposta proteção dada pela santa que, segundo a crença do governador, teria impedido a invasão da província por tropas vindas da Guiana Francesa, uma ameaça constante devido à coalizão de nações que havia sido formada contra a França no auge da Revolução Francesa. Nessa Coalizão, Portugal monárquico havia sido incluído (MOREIRA, 2012).

A intensa movimentação gerada em torno da imagem, considerada milagrosa, teria impulsionado diversas vigílias e procissões ao longo dos anos, até ser oficializado um dia certo para o acontecimento do Círio (atualmente no segundo domingo de outubro). De acordo com o site oficial da festa, teria vindo do Vaticano a autorização para a realização da procissão em homenagem à Virgem de Nazaré. Contudo, "no início, não havia data fixa para o Círio, que poderia ocorrer nos meses de setembro, outubro ou novembro. Mas, a partir de 1901, por determinação do bispo Dom Francisco do Rêgo Maia, a procissão passou a ser realizada sempre no segundo domingo de outubro"[43].

A narrativa que conta a origem da Festa Paraense é preservada como memória cultural regional. Esses símbolos que contam sobre o surgimento da festividade, tais como a figura do caboclo, a relação com a água etc., são remontados nos trabalhos artísticos e nas celebrações que antecedem e sucedem o dia da grande procissão. Nos jornais da região a história de Plácido está sempre presente, nas edições especiais que trazem o Círio como tema. Essa narrativa é divulgada também por boa parte da literatura que cerca a Festa Nazarena. Aqui ela foi remontada a partir das obras: *Carnaval Devoto* e *Pródromos da Cabanagem*[44]; do site oficial do Círio de Nazaré[45]; das edições especiais (edições do Círio) dos jornais impressos *O Liberal* e *Diário do Pará* que saíram no dia da Grande Procissão (edições de 2014 e 2015); e dos relatos cultivados entre a população de Belém que, como belenense, estou acostumado a ouvir.

O Círio que se apresenta atualmente se diferencia bastante daqueles das primeiras edições, lá do final do século XVIII. Ao longo dos anos

---

43   Fonte disponível em: http://www.ciriodenazare.com.br/portal/historia.php. Acesso em: 10 abr. 2016.
44   ALVES, Isidoro. **O Carnaval Devoto – um estudo sobre a festa de Nazaré em Belém.** Petrópolis: Editora Vozes, 1980.
OREIRA, Alves. **Pródromos da Cabanagem.** Belém: Editora Paka-Tatu, 2012.
45   Disponível em: http://www.ciriodenazare.com.br/portal/historia.php. Acesso em: 10 abr. 2016.

novas romarias foram sendo incorporadas à manifestação e, atualmente, doze romarias compõem a festividade, cada qual rendendo homenagens à sua maneira[46]. Porém, algumas das manifestações que fazem parte deste calendário ciriense não estão presentes na programação oficial da festividade[47]. Por serem consideradas manifestações profanas, não são reconhecidas pela diretoria do Círio que é formada por membros do clero e por 30 casais atuantes em comunidades e paróquias. Como já relatado, há um ponto de tensão entre a comunidade católica e alguns grupos da sociedade que reivindicam para si um lugar na programação oficial da festividade. Essa tensão também foi comentada no laboratório em alguns momentos.

Finalizada a dinâmica de apresentação individual, os organizadores mostraram a programação montada para os dias do laboratório e decidiram passar para o tópico seguinte que consistiu em discutir sobre alguns símbolos do Círio. Os organizadores sugeriram dez símbolos principais: a berlinda, a corda, os promesseiros, os anjinhos (crianças vestidas de anjos), o arraial de Nazaré, a festa da Chiquita, o Auto do Círio, as romarias, os brinquedos de miriti e as fitas de promessas; os participantes completaram com mais três símbolos: as comidas típicas, o cartaz do Círio e os carros que recolhem as promessas e transportam, também, algumas crianças vestidas de anjo durante a romaria. A partir de então, a ideia sugerida era pensar de que forma poderiam ser produzidas narrativas fotográficas do Círio com esses símbolos.

Para desenvolver o tema da narração, os organizadores sugeriram a leitura do texto *O Narrador* de Walter Benjamin (1994) e exploraram o tema introduzindo a pergunta: "De que formas poderíamos produzir narrativas sobre o Círio?". O que segue depois são propriamente as experiências de alguns integrantes com a festividade. Bem, apropriando-me do texto de

---

46 As romarias foram organizadas conforme a necessidade e o interesse de cada grupo populacional, por exemplo, a romaria fluvial é organizada pelos donos de embarcações e segue pela Baía do Guajará até a orla da cidade de Icoaraci (área metropolitana de Belém), um cortejo com a presença da imagem e pessoas do clero, além dos demais participantes que compram ingressos para participarem nas embarcações. A motorromaria é uma homenagem dos motociclistas que aguardam a chegada da imagem após a romaria fluvial e seguem acompanhando-a até o Colégio Gentil de onde ela sairá à noite para uma nova procissão, a Trasladação.

47 É chamada de programação oficial por se tratar de uma programação organizada pelos chamados dirigentes da festividade (membros da comunidade católica local). São responsáveis por organizar os eventos considerados sagrados, tentando descartar ou negar os eventos considerados profanos, como por exemplo a Festa da Chiquita, como parte da festividade nazarena.

Benjamin e produzindo esta fotocartografia, o que teremos a seguir é um compartilhamento de experiências com o Círio, como fora precisamente sugerido no laboratório, com a colaboração dos colegas de grupo e convidados especiais que se expuseram a falar naquelas noites de encontros.

3.3 A narração como proposta de vivenciar acontecimentos

Benjamin (1994) já indicava que a prática de narrar estava em vias de extinção, efeito do crescimento de uma sociedade da informação. A informação (no sentido dado por Benjamin) é tomada como um limitante, por inibir a possibilidade de produzir pensamento em uma situação nova, uma vez que a informação corresponde a uma mensagem processada, digerida pelo informante. Deste modo, a informação só tem importância enquanto é nova, ao passo que a boa narrativa é atemporal (BENJAMIN, 1936). Portanto, uma narração permite que o leitor concentrado, ao entrar em contato com ela, experimente a atmosfera do texto descrito. Assim, o leitor pode ou não ter uma relação diferente com o texto a cada leitura, pois o texto narrado, tal qual problematizado por Benjamin, não é processado, pois nele não há a intenção de transmitir uma informação específica e única, mas narrar um acontecimento como um campo de aberturas. Seu conteúdo não traz apenas uma informação fixa, portanto pode gerar múltiplas experiências no encontro com o leitor.

Podemos afirmar esse pensamento ao dizer que o Círio de Nazaré, seguindo a proposta do laboratório de produzir narrativas visuais, é um espetáculo que deve ser experimentado e não, simplesmente contemplado, pois o participante torna-se parte do evento, em vez de mero observador. Apreciar implica olhar o objeto em posição de passividade. Observar implica olhar o objeto em posição de neutralidade, contato alheio e distante. Ora, um acontecimento não se explica, vive-se. A partir das considerações de Benjamin concluo que a narrativa poder ser vivenciada de forma rizomática, ou seja, não se limita a dar respostas prontas ou a digerir (processar) uma mensagem, mas abri-la ao campo da experiência. Por outro lado, Foucault (2010), afirmando o domínio da ética e da prática de si, diz que "uma experiência é sempre uma ficção; é algo que se fabrica para si mesmo, que não existe antes e que poderá existir depois" (FOUCAULT, 2010, p. 293-294). Portanto, narrar é compartilhar experiências de si em um plano coletivo.

Um dos participantes começou seu relato de experiência descrevendo como havia sido seu primeiro contato dentro da procissão. Jefferson disse não ser católico, mas de alguma forma sempre esteve envolvido com a festividade, porém até o ano anterior ele olhava para a festividade como um expectador do lado de fora, um tanto alheio ao que se passava. Decidira, então, a partir de um projeto montado juntamente com outros amigos, adentrar a procissão para fotografar. Assim, parece que sua experiência com a festividade produziu novos efeitos. Disse: "De fora a gente se encanta com o que está dentro, de dentro com o que está fora. O público assistindo já chama a tua atenção... a questão da fé, a questão da esperança, a questão do medo, do sufoco por conta da corda... O olhar ele muda um pouco daqui pra lá e de lá pra cá". O participante que declarou não ser católico mostrou-se bastante comovido e muito envolvido com a festividade. Em um país onde a intolerância religiosa é cada vez mais intensa, surpreendeu-me ver e ouvir uma pessoa que se sente envolvida emocionalmente com o Círio de Nazaré, mesmo não professando a fé católica.

Outros participantes também se manifestaram, concordando com o sentimento de Jefferson em relação à festividade. Como já mencionado no capítulo II, boa parte dos integrantes do laboratório não eram católicos ou religiosos, mas pareciam estar ligados com o Círio por forças que estão além da religião. "Emoção absurda!", completou o participante Franz.

Outra participante, que também disse não ser católica, falou que sua relação com o Círio havia começado por meio da fotografia. Participou pela primeira vez da procissão do segundo domingo com a intensão de fotografar e, segundo ela, ficou admirada ao se deparar com os promesseiros na corda. A imagem que ela costumava atribuir ao esforço dos promesseiros era de sofrimento, porém naquele momento, percebera que o sofrimento parecia algo um tanto forjado. A participante Wal disse que quando viu de perto os promesseiros na corda pela primeira vez, percebeu que eles não pareciam em agonia, mas tomados por gracejos, alguns pediam para serem fotografados e, no momento da foto, o semblante deles mudava, agora, mostravam-se em sofrimento. Relatou também que, às vezes, em meio à multidão, se sentia como intrusa, em outros momentos, não. Oscilava entre uma atmosfera de acolhimento e exclusão.

Apresentaram o Círio assim, como um "espaço de oração e de gandaia", para citar a frase de outra participante. Contudo, parece que esse aspecto festivo da manifestação é pouco fotografado e documentado. Ao comentar a proposta inicial do laboratório de pensar nos símbolos principais do Círio, o participante Breno criticou dizendo que as fotografias da festividade (em geral todas as fotografias que fazem da festividade) estariam cheias de *clichês*, sempre as mesmas imagens, as mesmas narrativas. Indagou: "Porque sou obrigado a fotografar sempre aquilo que se pensa sobre o Círio? Será que o Círio é só sofrimento?". Fiquei curioso com as palavras de Breno, pois ao levantar sua questão, deixou o entendimento de que há momentos do Círio que não costumam aparecer em boa parte das fotografias que dele são produzidas.

De algum modo o conflito entre os aspectos festivos e religiosos do Círio parecem se acirrar em outros espaços e práticas. As palavras do participante Breno parecem denunciar uma resistência manifestada na fotografia pela frequência com que algumas imagens são produzidas. A resistência em relação a alguns aspectos da festividade parece não partir apenas da comunidade católica, como geralmente se pensa, mas de todo um conjunto de práticas que passa alheia a certos momentos do Círio. Pode-se citar, por exemplo, as dificuldades enfrentadas anualmente pelos organizadores da Festa da Chiquita para manter viva sua manifestação e, sobretudo, para que seja reconhecida como parte da festividade do Círio de Nazaré. "São poucas as fotos que abordam a Chiquita como parte do Círio", disse o participante Franz. Mesmo após ter sido considerada pelo IPHAN como parte da festividade do Círio, permanecem as resistências que tentam acabar com a festa ou remanejá-la do espaço onde ela ocorre, na Praça da República. A Chiquita, deste modo, parece ser relegada, ainda, a um espaço de marginalidade.

Abordando novamente a produção de narrativas, uma das organizadoras do laboratório provocou: "Que tipo de narrativa do Círio está sendo feita? Quais signos estão sendo mostrados? Há algo novo?". Bem, notei pela fala dos participantes que há algo sobre o Círio que se evita contar ou dar visibilidade. Sobre essa questão a organizadora Cinthya lembrou que a fotografia pode ser, também, instrumento de denúncia, o ato de posicionar uma câmera pode ser comparado ao ato de empunhar uma arma. Utilizando uma frase de Susan Sontag (2005), pontuou: "Fotografar as pessoas é violá-las". Mas fotografar é violar porque fotografar o outro é produzir uma realidade sobre ele. Porém negar a fotografia é silenciar, é uma tentativa de conduzir ao esquecimento, por isso tão pouco se fotografa a Chiquita como parte da festividade Nazarena, com o objetivo direto de querer silenciá-la, negá-la e esquecê-la.

Encerradas essas primeiras falas, finalizou-se o primeiro encontro, os próximos dias ocorreram com os convidados especiais, cada qual contribuindo com suas experiências com Círio através dos seus trabalhos. As falas dos convidados especiais estão descritas na íntegra. As entrevistas foram gravadas e transcritas com a autorização dos participantes. Quero com elas dar forma ao Círio que foi produzido nos encontros do laboratório, apontando a maneira como essa prática ajudou a produzir a festividade nas fotografias resultantes deste processo, fruto de trocas de experiências, mas também experiências produzidas em coletividade com todos os que fizeram parte do Lab. Círio.

3.4 Segundo encontro

Patrick Pardini[48]

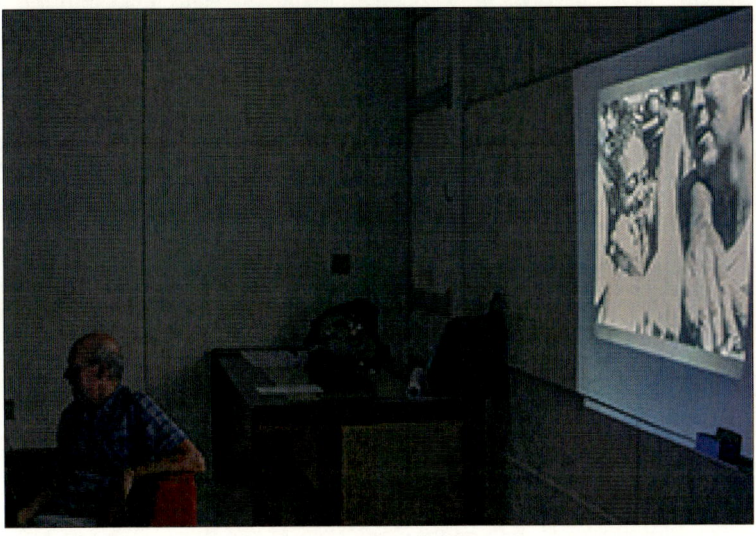

Imagem 7 – Lab. Círio 2014

Fonte: Associação FotoAtiva.

"Desde aquele ano fiz opção pela fotografia e logo me interessei por aspectos da vida social de Belém que eu chamo de ritos, entre os

---

48 É fotógrafo da Universidade Federal do Pará. Atualmente trabalha em projeto de pesquisa e extensão no museu da UFPA. O fotógrafo e pesquisador desenvolve seus trabalhos com o Círio desde 1981.

quais o Círio de Nazaré. Concentrando-me principalmente na corda, tentava fotografar outros aspectos da festividade, mas sempre chegava na corda, atraído por esse fenômeno incomum.

Em 2004 o Círio foi declarado patrimônio histórico cultural imaterial, abrindo o registro de celebrações do IPHAN. O dossiê que compôs o pedido de tombamento registrou onze componentes essenciais do Círio e mais alguns. Naquela época havia menos de seis romarias, hoje são doze. O Círio tornou-se algo novo. Desenvolvo este trabalho em séries fotográficas... que se trata de um certo acúmulo de imagens tal como se trabalha na fotografia documental.

Na série, não se trata de reconstruir a realidade a partir de seus fragmentos, mas de tentar elaborar objetos novos, objetos artísticos inéditos, em uma ideia obsessiva de trabalhar um tema só, extrair daquele objeto o máximo de variações, pois é inesgotável. A ideia da série é trazer a fotografia como um texto, onde cada palavra possui pleno significado e é parte de um enunciado maior, o ensaio. O ensaio fotográfico – a série – altera um deslocamento da noção de composição. A composição, tradicionalmente, é entendida por um agenciamento de elementos dentro do quadro, de uma moldura. Quando você trabalha em série você desloca essa ideia primeira de um quadro para uma composição, de um todo feito de fragmentos, momento segundo de se pensar a forma apresentação, de criação. Não se cria apenas na hora de produzir a imagem, mas também na hora de apresentar essas fotografias. Como apresentar esse conjunto? Eis a pergunta. Um deslocamento da ideia de composição da imagem isolada para a imagem composta. A montagem é um trabalho de edição.

A corda é um dos símbolos considerados mais fortes. Não é apenas um lugar de aflição, mas de alegria, êxtase. Em algum momento houve um excesso de promesseiros que criou outra coisa. Momento extra litúrgico que sempre incomodou a hierarquia da igreja, pois parte da iniciativa popular. Em algum momento ela passou a ter vida própria e tornou-se absolutamente ingovernável. A corda é uma invenção paraense, não existe em nenhum lugar no mundo. Qual a motivação de ir na corda? Esta é minha questão. Sempre mantive a distância como observador, mas geralmente as pessoas na corda costumam brincar com quem está fotografando. Documentar é interpretar. Procuro a imagem que mais se distancia de uma procissão religiosa. O Círio se renova, ele é inesgotável."

Miguel Santa Brígida[49]

Imagem 8 – Lab. Círio 2014

Fonte: Associação FotoAtiva.

Miguel iniciou suas considerações cantando o trecho do samba de Mauro Quintaes e, logo depois, citou um trecho do livro *Belém do Grão-Pará* do escritor Dalcídio Jurandir.

"No mês de outubro
Em Belém do Pará
São dias de alegria e muita fé
Começa com intensa romaria matinal
O Círio de Nazaré"
(Mauro Quintaes)

"Na manhã do Círio, à janela, viu aquela massa meio infrene, numa espécie de Carnaval devoto, tirando a Santa do seu bom sono na Sé, trazendo-a na Berlinda, como num carro que comprou de Terça-Feira Gorda"
(Dalcídio Jurandir – Belém do Grão-Pará).

---

49 Graduado em comunicação social e jornalismo pela Universidade Federal do Pará. Formação profissional como ator pela Casa das Artes de Laranjeira no Rio de Janeiro. É mestre e doutor em Artes Cênicas pela Universidade Federal da Bahia e pós-doutor em Artes Cênicas pela UNIRIO. É professor titular na Universidade Federal do Pará atuando nos cursos técnicos, graduação e pós-graduação nas áreas de teatro e dança.

"Dalcídio Jurandir há cinquenta anos já conceituava o Círio de Nazaré como o Carnaval Devoto e há quarenta anos o samba enredo Festa do Círio de Nazaré trazia a imagem do Círio através do samba, o autor deste samba não viveu o Círio de Nazaré, mas conseguiu traduzir em uma narrativa carnavalesca, tão emocionada e integrada, como quem viveu o Círio de Nazaré.

Conversando com o esse autor, perguntei: 'Como você se inspirou?' Bem nada é por acaso, ele disse que se inspirou a partir das fotografias do Círio de Nazaré. As fotos o impressionaram, fotos do arraial de Nazaré. O carnaval devoto e o samba enredo me inspiram muito em meu trabalho de pesquisa. Para falar do Círio de Nazaré eu quero trazer uma vivência do corpo, a imagem da água, os corpos em festa como confete. Corpo coletivo festivo.

Bem, porque estou falando de festa, porque em 1792 quando o tenente português Francisco de Souza Coutinho recebeu uma ordem para fazer o Círio, dona Maria já intitulou o Círio como Festa do Círio de Nazaré. Exigindo que, para além da ordenação de Portugal, para além da procissão, o que ela queria era arraial, comida típica, bandas, ópera, festa.

Quando a Unidos de São Carlos, em 1975, levou o tema do Círio de Nazaré para a passarela, eles utilizaram esse título 'A Festa do Círio de Nazaré'. Em 2004 quando a Viradouro reedita esse enredo, em virtude dos vinte anos do sambódromo, a liga das escolas de samba resolveu revisitar não os enredos mais famosos, mas os sambas, e A Festa do Círio de Nazaré estava entre os dez maiores sucessos.

Então quero chamar a atenção para isso, para uma festa de ordem instauradora religiosa católica transbordando para uma festa profana que é o carnaval carioca. Então essa relação de festa é de como eu vejo esse fenômeno que é uma organização de uma tradição portuguesa católica (a palavra Círio é uma palavra portuguesa), mas ela tem na sua fundação essa dimensão de festa.

Então, esse sentido da festa do Círio, essa dimensão da festa católica, do ritual católico, já transbordou muito essa dimensão *stricto sensu* da organização católica – a gente sabe disso –, e as imagens são muito reveladoras. Eu trabalho com essa ideia, do 'O rio que passou em minha' (música de Paulinho da Viola) à 'Pororoca Humana'(imagem criada por Eidorfe Moreira para se referir ao Círio), outra imagem de água que é o Círio de Nazaré, são narrativas que me afetam quando penso em Círio de Nazaré. Nas minhas memórias mais precisas, fotograficamente, eu não consigo lembrar se vi primeiro uma escola de samba ou o Círio de Nazaré. Essas imagens são confusas na minha mente.

Eu acompanhava o Círio desde pequenininho, fui aluno do Colégio Nazaré e acompanhava aquilo e vivia no Jurunas as escolas de samba do Rancho não posso me amofinar e a partir desses dois cortejos foi a minha grande experiência como artista no meu processo com o Auto do Círio. Falo disso porque essa relação da festa carnavalesca com a festa do Círio de Nazaré é como eu começo a entender esse fenômeno e como eu continuo pesquisando, e continuo descobrindo várias possibilidades de construir narrativas.

A minha fala para vocês é sobre narrativa. Esse 'Rio que passou em minha vida e meu coração se deixou levar' é uma narrativa da escola de samba, e a 'pororoca humana' é uma composição permanente de narrativas que eu chamei na minha dissertação de mestrado de *narrativa ad infinitum,* porque esses dois fenômenos da escola de samba e do Círio de Nazaré é o sonho que explode em uma noite. Não há segundo dia do Círio, assim como não há segundo dia de desfile para uma escola da samba. Mesmo que ela venha no desfile das campeãs não é o desfile que passou.

Então essa narrativa que se desloca, que passa sob o nosso olhar, que nos envolve, que ninguém consegue capturar na íntegra, nem a fotografia, nem o jornalismo, nem nós em nossa emoção, nem a igreja católica na sua tentativa de organização são várias possibilidades de construção de narrativas, em diversas linguagens, mas você nunca vai dar conta desse fenômeno na sua integridade. Essa mistura do Círio enquanto procissão que caminha e desloca e das escolas de samba, eu chamo de dramaturgia caminhante. É uma dramaturgia no estudo que fiz para o Auto do Círio enquanto gênero dramático, mas dramaturgia é um termo que se usa em todas as áreas de conhecimento. Aqui existe uma organização dramatúrgica: do espaço, da ordem em que eles pensaram, na recepção dos depoimentos, porque eu vim depois do outro, essa forma, tudo é posição dramatúrgica nos estudos contemporâneos de dramaturgia.

Então esse rio que caminha, que é a pororoca humana em Belém é o Círio de Nazaré, essa pororoca humana e esses dois fenômenos que eu tenho a vivência profundamente desde criança tem uma coisa muito interessante que é essas duas manifestações, tem um estudioso que é Michel Maffesoli, sociólogo francês, que traz um conceito muito interessante, ele diz que, diferente da modernidade, as sociedades de hoje estão em explosões festivas, chamadas por ele de comunidades emocionais. Para mim a escola de samba é uma comunidade emocional tipicamente brasileira e o Círio de Nazaré é uma comunidade emocional tipicamente brasileira/paraense. Ele diz que são rápidas explosões que acontecem em multidões, assim como foram organizadas rapidamente no seu acontecimento ao vivo, performático, corporal, elas desaparecem, e a memória vai ficar na emoção do corpo, ou seja, se eu percebo aquela pessoa que colou o corpo em mim às seis horas da manhã na Sé e chego até Basílica, o que resta, é o que eu vivi colado naquele corpo durante aquele trajeto. Assim como na escola de samba, o que resta é o que ficou marcado no meu corpo.

A ideia de comunidade emocional de Maffesoli é como eu vejo o Círio de Nazaré, entendido nesse contexto de festa e, em especial, porque essa ideia de festa que foi construída também por Portugal ao denominar o Círio como festa, vai se colar a ideia do Barroco. Maffesoli também estuda e conceitua o Barroco, ele diz que para além de um estilo de arte que todos conhecem e já estudaram, trata-se de uma sensibilidade da pós-modernidade, é uma sensibilidade barroca, é a sensibilidade que mistura várias matrizes, a matriz religiosa, festiva, a matriz da sensualidade, matriz portuguesa, exagerada, pois Círio é uma carnavalização. Carnavalização, diferente de carnaval é aquilo que Bakhtin diz que se trata de uma mistura de linguagens, linguagens que organizam o Círio: a música, o ritmo, a devoção em todo da berlinda, a imagem de Nossa Senhora de Nazaré.

Portanto, é uma emoção que transborda o *stricto senso* religioso, transborda, e que está no corpo. Assim, para quem trabalha com imagem fotográfica, deve-se perguntar: como organizo meu corpo para fotografar? Fico pensando no esforço do fotógrafo para fazer imagens do Círio, uma festa múltipla, rica, transborda o catolicismo, não cabe dentro. Círio para mim é isso, uma festa de uma ordenação católica, mas que transbordou, festiva, carnavalizada. Círio é sincretismo. Não sei se vocês sabem, mas há uma organização dos terreiros ali na esquina na CDP.

Há dois anos atrás eu fui comentar sobre o Círio na TV cultura e antes de mim falou um padre e eu sentei junto com ele assim, e fiquei pensando, como vou falar sobre carnavalização aqui, fiquei nervoso, mas o padre falou melhor que eu sobre a carnavalização, eu fiquei emocionado. Perguntaram a ele: 'Como você vê a questão do Auto do Círio?' Ele disse: 'Eu vejo muito bem". Eu nunca vou esquecer, ele disse assim: 'A gente não pode dizer que nessa multidão aí são todos católico. Os católicos ai não chegam a sessenta por cento'. É uma devoção que transborda qualquer sentido. É uma devoção no sentido da entrega da alma, do corpo, da energia, da estética, dessa comunidade emocional, dessa dimensão espiritual nossa que transborda o *stricto senso* do corpo religioso. Em nosso corpo qual o maior elemento? Nós somos água. O Círio é água."

3.5 Terceiro encontro

Octávio Cardoso[50]

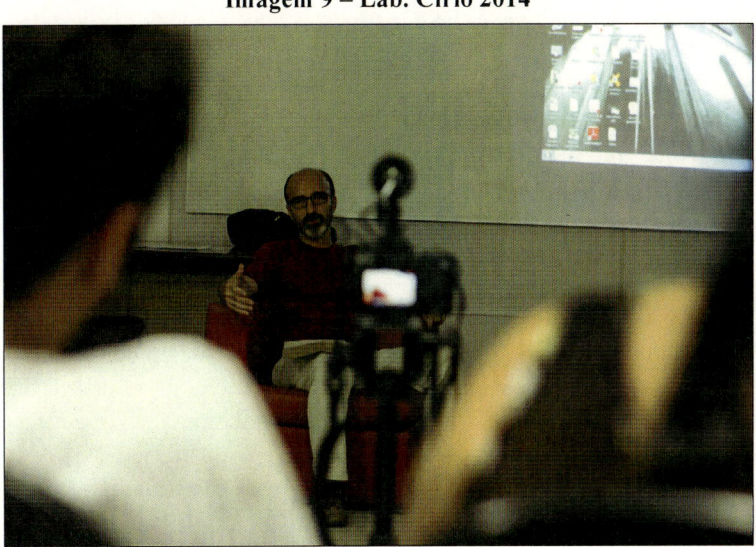

Imagem 9 – Lab. Círio 2014

Fonte: Associação FotoAtiva.

"Interessante a questão de vocês terem formações diferentes, virem de espaços diferentes. Bem, eu fotografo desde 1984 – quero dizer – já fotografava antes, mas entrei para a Fotoativa e assim passei a me dar mais conta do que estava fazendo. Nasci em família católica, sou de Belém. E minhas primeiras lembranças do Círio a gente ia pra casa

---

50 É fotógrafo, vive e trabalha em Belém. Começou a trabalhar em 1984 na Associação Fotoativa, tendo sido seu representante de 2000 a 2007. Recebeu o grande prêmio do Salão Arte Pará em 1987 e o prêmio Diário Contemporâneo de Fotografia em 2010. Tem obras do acervo do MAM – Rio, MHEP, CCBEU e MASP.

de um tio do papai que ficava na Nazaré e assistíamos a santa passar de perto. Depois a gente mudou para a Doutor Moraes entre Nazaré e Brás de Aguiar, eu tinha em torno de dez anos de idade. Começamos a ver em casa, da televisão e quando ela estava próximo de passar onde nós morávamos a gente corria pra janela para ver.

Então posso dizer que, na verdade, apesar de ser de família católica meus pais não acompanhavam o Círio, praticavam o catolicismo, mas não acompanhavam o Círio. Eu posso dizer que, na verdade, descobri o Círio através da fotografia. Quando entrei para a Fotoativa foi o primeiro ano que acompanhei o Círio. O fato de começar a fotografar e começar a despertar pras coisas, para assuntos que te cercam, para a realidade que você vive. Acho que não há ninguém que fotografe e que more em Belém que não queira fotografar o Círio, então acho que a fotografia tem esse poder de nos apresentar assuntos, de nos apresentar situações, nos facilitar conhecer e abrir portas. Acho que isso é um fato muito claro pra mim, ser fotógrafo.

Então, assim, procurando algumas imagens para trazer à vocês já começo a gostar até de coisas que não tinha visto e que nesta repassada me deparei. Mas, assim, essa coisa de relacionar fotografia e Círio, bem, foi na fotografia que percebi como o círio é manifestação popular. Na verdade, não sendo católico praticante, meu envolvimento com o Círio não é da mesma maneira que muitos fotógrafos que eu conheço. Eu acho que a minha espiritualidade tem a ver meio com o oposto com o vazio, e eu acho que o Círio é muita coisa, muito barulho e muito brilho, mas em algumas fotografias minhas vejo uma certa frieza. Meu envolvimento com o Círio é diferente, eu vejo o Círio como um imenso fenômeno cultural, fantástico.

Ouvi alguém falar aqui e acho que é isso, é muito diferente acompanhar o Círio pela televisão e acompanhá-lo dentro da procissão. Isso a fotografia me permitiu. Eu antes via de uma maneira e depois quando comecei a fotografar percebi de outra. Não conheço um outro evento religioso que tenha tanta intensidade e pluralidade de elementos como tem no Círio, é um fenômeno.

Fazendo uma ponte com o que o Miguel nos trouxe, a questão do carnaval. Ainda assim acho que nem o carnaval consegue trazer tantas coisas, tantas questões e elementos como traz o Círio. E aí eu vejo assim, todo mundo pensando o laboratório, narrativa, como tratar e falar desse assunto, e me ocorreu assim, a grosso modo, quando você começa a pensar em símbolos você pensa na corda, berlinda, pés, mãos... Fora as questões mais subjetivas: fé, devoção, solidariedade etc. Acho que penso em tudo isso. Tenho pra mim que quem trabalha com fotografia de rua, tem que lidar com a realidade de rua, você não tem controle, acho que com o tempo você vai se aperfeiçoando, aprendendo a usar sua máquina, lidar com o tempo, com espaço, aos poucos você começar a lidar melhor com a fotografia de rua, mas acho que nesse ponto a gente está lidando muito mais com a intuição de que com outra coisa, isso acho que tem a ver com o instinto. Fotografar nos leva a um segundo momento que é da edição, isso fica claro, a gente lida sempre com dois momentos: um intuitivo e o outro mais programado, da edição. Mais que qualquer pessoa que acompanha o Círio, o fotógrafo está permanentemente sendo estimulado a decidir, a clicar, a ocupar. Eu acho que o Círio é o maior exercício para o fotógrafo.

Voltando aos símbolos eu acho que a corda é o símbolo mais forte. Como eu disse a vocês a minha motivação com o Círio, como ela não é muito autoral acho que ficou mais no documental, então acho que em alguns momentos elas ficam mais frias. Mas independente de qualquer coisa essa discursão entre documental e autoral é complicada e até mesmo ultrapassada.

O que eu quero colocar, principalmente para quem está começando, é que a gente, enquanto fotógrafo, a gente tá sempre escolhendo, tá sempre arrumando e escolhendo, seja conscientemente ou não. Na hora que você escolhe um ângulo, na hora em que você define o momento de clicar você está recortando fragmentos da realidade, está ali construindo uma imagem. O Círio é muita coisa, e as pessoas pedem para tirar fotos, para serem fotografadas, elas querem ser retratadas, por mais que elas nem vejam as fotos. Acho que para qualquer um que queira fotografar o Círio, por mais que tenha a questão religiosa, é sempre ter que lidar com o inusitado. Outra coisa que qualquer pessoa que vai fotografar precisa ter em mente é que, qualquer coisa que você faça com a fotografia vira documento, independente da intenção.

Sempre quando estou fotografando me vem uma pergunta: o que a gente está fotografando hoje que vai mudar no futuro? Não sei se estou ajudando vocês ou atrapalhando nessa tentativa de construir narrativas, mas o que posso dizer é que o Círio é um dos maiores exercícios para um fotógrafo."

João de Jesus Paes Loureiro[51]

Imagem 10 – Lab. Círio 2014

Fonte: Associação FotoAtiva.

"Bem, eu queria logo de início dizer que estou muito feliz por participar dessa experiência, desta convivência. Achei muito boa a abertura feita pelo Otávio, e me ajuda aqui. Tendo eu trabalhado mais com algumas ideias de cunho teórico, já que eu não sou fotógrafo, e não tenho interesse prático nesta área e sim na poesia, mas me ajuda aqui com coisas que a gente pode colocar, lembrando-nos dos exemplos que foram dados por ele, encontramos uma lógica muito mais objetiva do que ficar puramente no plano do raciocínio, da reflexão.

Bem, a primeira coisa, duas iniciais que eu anotei (e depois eu passo por alguns lembretes que eu não gostaria de deixar intocados), achei muito bom quando ele falou que conheceu o Círio pela fotografia. Porque achei interessante? Porque eu defendo a necessidade da gente compreender a arte também como forma de conhecimento. De modo

---

51 É poeta. Professor de estética, filosofia da arte e cultura amazônica na Universidade Federal do Pará. Mestre em teoria da literatura e semiótica pela PUC-Unicamp/São Paulo e doutor em sociologia da literatura pela Sorbonne/Paris.

geral, tem-se compreendido a arte apenas pelo seu caráter estético, da sua expressividade, da sua capacidade de provocar emoção, mas esquecemos que a arte é também uma forma de conhecimento que não obedece as normas da racionalidade, mas é também uma forma de conhecimento, uma forma de conhecimento para quem cria, uma forma de conhecimento para quem contempla um obra de arte.

No caso da fotografia, essa forma de conhecimento tem um papel histórico, antropológico, documental, extremamente forte que sustenta a dimensão artística que ela pode sustentar. No caso da Amazônia, as artes da imagem e da fotografia têm uma amplitude muito grande. As artes da imagem são fundamentais porque elas também, ao lado do seu caráter seletivo, elas registram e documentam imagens em extinção ou em transformação, em alguns casos. Estamos vivendo em uma época em que se diz muito que o século XXI é o século das cidades, o que significa um golpe muito forte numa tradição cultural como a nossa que se fundamentou na cultura ribeirinha, na floresta, no campo e no rio.

Esse fenômeno da arte da cidade, que é típico do século do nosso tempo, ele começa no modernismo, começa com Baudelaire quando traz a poesia para a cidade. Até então a poesia falava da mitologia, das coisas transcendentais, da história, mas a cidade ficava fora, o cotidiano. Baudelaire, sobretudo nos *Quadros Parisienses* do livro *As Flores do Mal* começa a fazer poesia sobre o cotidiano de Paris, sobre o mendigo, sobre a prostituta, sobre as pessoas que passam na direção do trem, na estação de trem, agora tratando isso não de forma trivial, mas de uma forma altamente compreensiva da situação do homem no seu tempo, da nova posição, da sociedade na cidade, do país que serve como um paradigma. Esse é um dado importante porque mesmo se tradando de um assunto que parece irrelevante, torna-se relevante se tratado enquanto se tratado de uma forma competente, de uma forma que, seja documental ou seja artístico.

Essa questão do conhecimento que estou aproveitando da fala do Otávio, que é o conhecimento que na arte nós chamamos de intuitivo. Não é que o conhecimento intuitivo esteja apenas no campo das artes, ele está também no campo da ciência, mas no campo científico ele se desdobra por meio da metodologia, pela comprovabilidade, por meio de uma conclusão conceitual. Enquanto que no campo das artes o conhecimento intuitivo ele gera uma forma uma de conhecimento sem conceito prévio, sem que você tenha uma racionalização daquele tipo de conhecimento.

O conhecimento que a gente percebe na obra de arte é também o conhecimento intuitivo de quem contempla, a gente compreende embora não possa explicar racionalmente aquilo que compreendeu. Sobre este processo da relação com a obra de arte, lembro até que Padre São Tomás de Aquino, nas confissões, a certa altura quando ele trata sobre o amor, ele diz o seguinte: 'Quando eu amo, eu sei tudo sobre o amor, mas quando eu quero dizer o que é o amor eu já não sei mais nada. Quer dizer o amor é um conhecimento intuitivo da sensibilidade e não da razão.

É esse o conhecimento que a obra de arte revela, mas que tem que ser revelado também ao artista, como aquele que utiliza um instrumento artístico para realizar algum trabalho. Eu não quero dizer que todos nós, necessariamente, temos que fazer fotografias artísticas, não, mas não estamos isentos de ter uma dimensão artística já que estamos falando de um instrumento artístico, de uma forma de criação artística. Então há essa questão do conhecimento intuitivo que é uma coisa que brota, mas diante de uma experiência, como vimos no caso dos exemplos que Octávio deu que é diante do Círio, diante da corda, diante do conhecimento desse fenômeno que você pode ter uma intuição sobre ele.

Não há uma gratuidade nessa intuição apenas, ela exige um certo pertencimento, uma relação de conhecimento, de aproximação pra que você possa ter uma intuição sobre aquilo capaz de gerar uma obra seja no plano da dimensão artística ou do conhecimento mais documental. Outra questão que queria lembrar é que seja na fotografia ou em qualquer arte é que há um dado que nós não podemos menosprezar que é o acaso. O acaso na criação artística, no trabalho da fotografia com essa velocidade que o Círio exige, porque o Círio não é apenas uma coisa veloz que passa de repente, ela exige uma velocidade e capitação também, o acaso muitas vezes é fundamental. O acaso é uma forma de você criar artisticamente e temos que respeitar e valorizar o acaso. Ele é muito comum nessa fotografia em aberto.

O acaso, que muitas vezes é de natureza técnica. Estava assistindo um festival de cinema em salvador e um curta metragem que causou um impacto tremendo era 'A missa do vaqueiro'. A missa do vaqueiro é uma celebração anual que tem no sertão nordestino. Eu assisti junto com o Quinteto Violado, eles estavam fazendo uma documentação e iriam gravar um disco também. Então os vaqueiros chegam com aquele tipo de chapéu, aquela roupa de couro, os sapatos e a poeira. Seja nos cavalos ou nos arreios, predomina aquela tonalidade de barro na paisagem.

O filme tinha essa tonalidade de barro. Era um filme colorido, mas eram os tons de barro, tom e sobretom de barro. Foi um impacto a fotografia e foi uma das coisas ressaltadas, valorizadas. O filme ganhou o prêmio de fotografia naquele festival. Depois, conversando com o diretor Carlos Coutinho do filme, ele me revelou que havia acontecido o seguinte, possuía umas latas de filme que já havia vencido e que ele não tinha como recorrer a outros filmes, pois já estava no sertão, então resolveu usá-los. Quando foi revelado, para sua surpresa, o resultado das filmagens com os filmes vencidos resultou em uma imagem artística espetacular, o acaso.

A fotografia é uma forma de você revelar aquilo que é irrevelável das coisas no comum da vida, aquilo que a gente passa e não está vendo o fotógrafo vem e revela e mostra aquilo que está, digamos, oculto na aparência. No fundo a fotografia é uma revelação da essência das coisas que a aparência muitas vezes não mostra, que a aparência muitas vezes não explica.

Para concluir essas anotações, eu acho que o Círio tem três símbolos fundamentais: a Berlinda que é o signo da fé, a corda que é o signo da devoção e o brinquedo de miriti que é o signo da cultura e arte. Dentro do Círio, são três signos incorporados nele prioritários, sem os quais parece que o Círio perde a sua consistência, perde a sua integridade. Pelo caráter sagrado para os católicos do Círio, a imagem sagrada impregna em tudo aquilo que se relaciona com ela, por exemplo, o manto da santa impregnou-se do sagrado e hoje ele é um signo independente. Vocês sabem, por exemplo, que existe uma cerimônia de apresentação do manto em que, inclusive, as pessoas veneram e, ao tocá-lo, se benzem. No caso dos jornais, você não vê, por exemplo, as pessoas embrulharem os produtos com partes que têm *posters* com a imagem da santa, pelo contrário, você vê por exemplo, as pessoas pregarem na parede, principalmente no interior, por que a imagem impregnou-se do sagrado. No caso da corda, ela ficou impregnada do sagrado e adquiriu independência na medida em que cortam a corda. Foi o fenômeno mais formidável foi esse, porque na medida em que a corda é cortada como um cordão umbilical que liga-se à berlinda, a corda deixou a função de puxar a berlinda, ela adquiriu independência e virou aquilo que podemos chamar de o Círio da corda. A corda foi erguida, já que ela perdeu essa função de puxar, foi erguida pelas mãos e agora é levada como um troféu, como uma imagem também sagrada, era um outro Círio, impressionante, ali.

Nestas descrições que estou fazendo estão embutidos percepções, sugestões, ideias, possibilidades de trabalhos fotográficos com Círio, ou seja, mais que uma reflexão dessas possibilidade apresento uma fundamentação dessa possibilidade, uma vez que não estou tratando como uma pessoa com a experiência da fotografia, não tenho a riqueza do tipo de arte que vocês vão utilizar. Eu estou partindo de uma reflexão através da poesia que já fiz do Círio. Aquilo que me desperta essas imagens dele e da experiência teórica em torno do processo de criação no campo dos objetos.

Para mim o Círio é também uma espécie de catarse da devoção. A catarse, que a psicologia estuda e o teatro também, desde a tragédia grega, é o final de uma tragédia que criou tantas tensões, o alívio provocado pela conclusão daquilo que passou. Portanto, o Círio é uma espécie de catarse da devoção. É o momento em que as pessoas têm em um altíssimo nível a emoção devota, que têm aquele alívio quando o Círio passa e, em nossa catarse paraense, um alívio que é celebrado com a bebida e com a comida. Então o Círio tem uma celebração judaico-cristã, tem uma catarse de devoção e se conclui por uma celebração pagã, que a celebração do vinho, da bebida, da fartura. No meu entender a primeira arte que aderiu maciçamente ao Círio foi a fotografia, as outras artes ficaram muito resistentes. Agora não. Agora se tornou um fato social muito forte, muito intenso. Você vê inúmeras produções de diversas áreas em torno do Círio, mas a literatura ficou por muito tempo ausente, por muitas vezes não compreenderam essa relação entre a estética e a liturgia. Achando muitas vezes que você tratar da dimensão estética do Círio era estar aderindo ou estar se subordinando a um costume que é mais de uma crença religiosa que motivação artística, e a grande maioria também, por um certo esnobismo intelectual, para quem o Círio era uma coisa cafona. Hoje, não. Hoje parece que há uma celebração coletiva, mas não foi sempre assim. Hoje a complexidade do Círio parece ser melhor compreendida.

Mas porque o Círio permite essa pluralidade de elementos e signos? Bem, é porque as coisas não são somente elas, isoladas e únicas. Elas contem dentro delas possibilidades de gerar outras coisas, possibilidades de transformação. O Círio tem prioritariamente uma função litúrgica, mas ao lado disso tem uma função estética, uma função cultural, histórica, de moda, enfim, várias funções, política, funções que se hierarquizam dentro desse ciclo que é o Círio, sendo a função dominante a litúrgica, pois é manifestação religiosa.

Essa noção de que as coisas contem dentro delas significações, que nem sempre aparecem a todo momento não é uma coisa recente, ela vem de Aristóteles. Ele diz que há dentro das coisas uma relação de potência e ato, potência e aquilo que pode ser, que tem a força para ser, e o ato é aquilo que se realiza. Ele dá o exemplo da semente e da árvore. A semente possui a potência de ser árvore, quando vem a árvore dizemos que ela é ato.

O Círio possui essas potências que podem se realizar em ato. O fotógrafo, na hora que quer fazer um trabalho do Círio, pra ele o que vai dominar naquele momento é a expressividade de imagem que o Círio tem. Não necessariamente movimento, porque ainda que seja movimento a fotografia vai imobilizar. Então naquele momento, para o fotógrafo a dimensão linguística cai para segundo lugar. Porque no primeiro plano, como plano dominante é a dimensão artística e fotográfica que tem duas linguagens, sua estratégia sua percepção da realidade. Então o Círio, pra mim, vai ser uma sugestão de palavras e de imagens feitas com palavras, feitas com linguagem. Indo para o plano secundário, qualquer uma dessas dimensões, ela não desparece. Quando nos dedicamos a uma dessas dimensões e a tornamos como dominante, re-hierarquizamos essas dimensões. Nesse caso, é muito importante a condição da vivência que a pessoa possa ter tido.

Não quer dizer que quem não tenha vivencia não possa criar coisas novas. Muitas vezes aquele que não tem vivencia percebe certas coisas bem melhor que aqueles que estão familiarizados, pois a pior coisa para um artista é se deixar familiarizar com as coisas de uma forma esterilizante, é desestimulante ver as coisas como tudo igual ou coisa que ele já viu. Eu acho que a principal estratégia do artista é o estranhamento diante das coisas. Finalmente toda a criação artística é uma maneira de fazer mundos, são mundo que se cria, cada fotografia é um mundo que se cria. Muitas vezes, nós ainda não temos a sensibilidade de perceber esses mundos. O grande problema da relação artística não está somente na criação, talvez o maior esteja na recepção. O público não consegue perceber na obra de arte aquilo que ela está oferecendo porque não há no sistema de ensino uma relação de aprendizagem e convivência com a atividade artística que nos prepare pra isso também. De modo geral, a nossa percepção artística é muito conservadora e não por culpa nossa, por que para toda parte que nós olhamos as situações são conservadoras, tradicionalistas no sentido da realização artística. É necessário que a gente se construa como expectador, assim como o artista enquanto criador."

3.6 Profanações: Círio, fotografia e carnavalidade

Reconstituir a fala dos convidados é importante na medida em que eles (como parte do Lab. Círio) são também a materialidade dos Círios que aqui esbocei. As experiências compartilhadas por cada um apontam mais que campos de saberes específicos de onde se percebe o Círio, mas nos oferecem a oralidade dos acontecimentos disparados a partir de experiências pessoais de cada um com essa potência. O Círio é tudo isso e mais. Aquilo que vemos e aquilo que não vemos.

Talvez o mais interessante a ser percebido seja que nesses encontros uma força restituidora frequentemente se mostra, e é com a fotografia que a magnitude dessa força cirial se evidencia. Penso que os resquícios que se fazem presentes ainda na prática fotográfica, desde os seus primeiros momentos na história da humanidade, colaboram para que seja ela – a fotografia – a abrir um campo de experiências com o Círio de Nazaré. Concordo com o professor Paes Loureiro ao dizer que a fotografia foi a primeira arte que aderiu maciçamente ao Círio; certa relação com a ideia de realidade transcendental e a pretensão com o qual continuamos a colocar a prática fotográfica em um patamar de registro, talvez, colaborem para torná-la a ferramenta mais poderosa na busca por uma compreensão do que é a Festa dos Paraenses.

Mas minha proposta não é a de questionar sobre a natureza do Círio. Primeiro porque, como já discuti, sendo potência disparadora e inventiva, as experiências com ele são plurais, portanto questionar sobre sua natureza seria incorrer em uma perspectiva identitária e naturalizada. O Círio é rizoma! E a narrativa é uma possibilidade de interceptá-lo por inúmeras entradas. Pode-se narrar o Círio de Nazaré partindo da religiosidade católica, do culto à Nossa Senhora de Nazaré quer seja por católicos ou umbandistas. Pode-se fazer uma narrativa do ponto de vista das resistências, abordando a história da Chiquita ou do Auto do Círio. Pode-se narrar a Festividade Nazarena tendo como foco os atravessamentos econômicos e culturais, o turismo religioso ou a relação da festividade com os governos. Pode-se construir uma narrativa do Círio a partir da produção midiática apontando o que é exposto e ocultado da festividade. Poderíamos até mesmo narrar o Círio de Nazaré partindo das histórias das comunidades dos bairros locais ou do grupo de artesãos de brinquedos de miriti do município de Abaetetuba, que chegam até Belém nesses tempos trazendo um dos símbolos da festividade. De qualquer ponto que partirmos faremos sempre um recorte de fluxos que podem ser conectados, agenciados com outros fluxos e forças. O Círio como acontecimento não é trama isolada.

Percebi na fala dos convidados, inicialmente, quatro linhas de pensamento, aparentemente bastante distintas, mas que se conectam produzindo um agenciamento que opera modos e maneiras a partir das quais se compreende o Círio. As falas dos convidados contemplam, principalmente, quatro formas de abordar o tema: por meio da fotografia artística, da fotografia documental, da literatura e, por fim, de uma aproximação com o carnaval. Estas formas de abordagem geraram efeitos diretos na produção das fotografias ao final do laboratório. O fotografar é acoplado a estas quatro máquinas de pensar, agenciamento que se efetiva nas imagens (fotográficas e não fotográficas) que dele (do Círio) produzimos. As imagens constituem maneiras de pensar e são, também, efeitos de processos de subjetivação que operam na produção do Círio.

É curioso notar na fala dos convidados como as práticas artísticas parecem se interpor nessa vivência cirial. A fotografia se mostra nesses relatos como um campo de descobertas, um campo que promove descobertas, um campo de possibilidades de vivências e subversão. O fotógrafo Octávio Cardoso chegou a afirmar em sua fala, por exemplo, que foi através da fotografia que o Círio tornou-se interessante para ele, ou seja, esse plano de experiências com a festividade foi disparado pela prática fotográfica, mesmo sendo ele católico naquele momento.

Porém, não podemos tomar a prática fotográfica, de forma indiscriminada, como puro ato de resistência frente às formas de produção dominantes do Círio de Nazaré. É preciso sempre estar atento para o que se faz do fotografar e do Círio, e como se faz. Pois como máquinas operam também ao gosto do operador, acoplam-se a outras máquinas, as da cultura, às dos governos, às do fascismo, podendo desviar e interromper toda uma ordem de fluxos de produção da diferença; e nas subjetividades operar, também, em produção de reprodução, sendo efeitos de regimes constituídos. Como disse Deleuze e Guattari (1995) o sistema arborescente já é imagem do mundo, portanto, "o livro imita o mundo como a arte, a natureza: por procedimentos que lhes são próprios e que realizam o que a natureza não pode ou não pode mais fazer" (p. 11). A fotografia também imita o modelo arborescente do Círio, caçando significados, inquerindo seus elementos, correndo atrás de uma essência no caos da existência.

As forças que instituem o par Círio/catolicismo já nos atravessam, portanto, é preciso esforço e sagacidade para perceber o Círio como multiplicidade. Há uma ordem religiosa católica que fundamenta o Círio de Nazaré, disso não tenho dúvidas, mas essa ordem tão pouco consegue diminuí-lo ou restringi-lo, apesar dos esforços de alguns grupos. Não há como estar fora destas lógicas que nos constituem, não há como operar fora das malhas do poder, mas há sempre a possibilidade de apurar o olhar, desviá-lo e mirar para além das racionalidades essencializantes.

Não é, contudo, objetivo desta pesquisa diminuir ou negar a produção do Círio e sua profundidade como manifestação religiosa católica, mas acusar que a festividade não se limita aos ritos católicos, ao enunciado católico de religiosidade. Há no Círio, como observamos, pluralidades que transbordam o culto religioso católico e que, portanto, não se rendem totalmente a ele. Mesmo diante da insatisfação e da resistência da comunidade católica mais tradicional o Círio continua pulsando na alegria, no êxtase e no sacrifício dos promesseiros na corda; na dramaticidade e carnavalidade do Auto do Círio; no erotismo da Chiquita.

As forças que tentam consagrar o Círio ao campo definitivo do sagrado parecem se anular por alguns instantes dessa celebração, quando nos damos conta, novamente, dos usos atribuídos à Festividade Nazarena e a alguns de seus elementos. Nas relações que se estabelecem com o Círio, entre o humano e o divino, o que resta é um espaço restituído, em que o sagrado desce das alturas e habita em convívio com a humanidade no mês de outubro, em profanações constantes.

> A profanação implica, por sua vez, uma neutralização daquilo que profana. Depois de ter sido profanado, o que estava indisponível e separado perde a sua aura e acaba restituído ao uso. Ambas as operações são políticas, mas a primeira tem a ver com o exercício do poder, o que é assegurado remetendo-o a um modelo sagrado; a segunda desativa os dispositivos do poder e devolve ao uso comum os espaços que ele havia confiscado (AGAMBEM, 2015, p. 68).

Para Agambem (2015), profanação e consagração são duas ações que ocorrem a todo instante, pois o mundo e boa parte dos dispositivos operam por cisões. Consagrar é separar por meio de um ritual de sacrifício aquilo que será concedido a uma ordem divina. Entregue aos deuses, o uso dos objetos consagrados é expropriado da esfera humana. Profanar é o movimento inverso, é restituir ao uso comum da humanidade os objetos antes confiscados. O Círio é também um espaço comum do uso comum. Na corda, na Festa da Chiquita, nos brinquedos de miriti, o que vemos são variações de usos dos elementos da festividade outrora consagrados, que deixam de ser puramente contemplados ou adorados para serem experimentados em todos os seus aspectos. A fotografia também profana fazendo uso dos elementos do Círio para a produção de outras realidades. Quando o fotógrafo faz do fotografar atividade de invenção de mundos, de objetos e realidades, torna-se então um profanador. É esse o espaço da carnavalização apontado por Miguel Santa Brígida, que se apresentam não apenas na justaposição de linguagens diferentes, mas também e, sobretudo, na profanação de objetos sagrados. "Fui buscar no Círio a carnavalização apontada por Miguel. Subi em um edifício, olhei para baixo, pensei... é isso!" (Tatiane Costa – participante do Lab. Círio 2014).

Imagem 11 – Círio 2014

Fonte: Tatiane Costa.

Quando me deparo com a foto de Tatiane Costa, vejo a explosão, em imagem, da multiplicidade de elementos apontados por Miguel Santa Brígida. Consigo enxergar sua carnavalidade. O colorido e êxtase do carnaval carioca encontram-se ali também. Mas a perspectiva tomada pela fotógrafa é que me causa mais espanto. A materialidade da imagem coloca-me em questão: Onde estava este Círio carnavalesco que só percebo agora? Onde estava essa festa religiosa que mais parece um bloco de carnaval de rua? Penso que é nesse sentido que Paes Loureiro diz que a fotografia é uma forma de revelar aquilo que é irrevelável das coisas no comum da vida. Ora, o olhar, assim como os demais sentidos, parece se acostumar a certas formas de perceber os estímulos ao seu redor... Fica estéril! Como disse Paes Loureiro. O fotografar parece restituir ao plano da experimentação quando é tomado sem ficar preso à técnica. Nesse sentido, o ato de fotografar profana! Profanar o Círio com o fotografar é restituir à experimentação, ao uso comum e à apropriação humana. Em suma, é a relação mais íntima com o divino. É o verbo que se faz carne! Tatiane profana com essa fotografia. Toma para si o Círio que encontrou. A fotógrafa nos convida a experimentar uma perspectiva de Círio do lugar que ela ocupa, por meio do seu olhar. Ela reinventa a procissão tendo como instrumentos as provocações de Miguel e o fotografar, agenciamento explosivo em cores e papeis picados!

Outro exemplo de profanação está nas formas de usos da imagem da santa. Cultuada em seus altares, parece ser também uma espécie de "garota propaganda" que anuncia a grande festa. Está estampada em muitos artigos religiosos, mas também em propagandas de produtos do comércio local, nas fachadas de lojas e em propagandas televisivas. O palco em que ela desfila são as ruas de Belém, não é à toa que tantos vão às janelas quando chega a grande procissão, para vê-la passar, como fazia Octávio Cardoso quando criança. A intimidade dos fiéis com a imagem de Nossa Senhora de Nazaré a torna alguém como um parente muito próximo e querido, alguém a quem se pode chamar carinhosamente: Nazinha. "Lá vem a Nazinha passando!", gritam tantos. É como se por alguns momentos a figura divina fosse retirada de seu posto, de sua função. Desativado esse dispositivo de poder, desce das alturas para conviver entre a humanidade – ao menos uma vez ao ano, no Círio de Nazaré. Seu figurino é confeccionado meses antes do início da festividade e é anunciado obedecendo a um rito específico que o consagra como objeto de santidade tal qual a própria imagem milagrosa. Apresentado diante dos fiéis em celebração especial, ele é oferecido para que todos o contemplem e se prostrem pedindo bênçãos e proteção.

O Círio é esse espaço de transição frequente, esse plano de intensidades e fluxos de forças em que cada evento é um acontecimento único. Espaço de profanações e de consagrações, de certo hibridismo em que tudo parece ser passageiro, em que os rostos logo se esvaem, uma trama que, tão logo, se desfaz, causando espanto no olhar que busca solidez. O fotografar acompanha esse processo como parte desse caos, aponta as linhas duras, desmanchando-as para reconfigurá-las novamente, em um processo frenético de desterritorializar e territorializar para desterritorializar e territorializar novamente e novamente e novamente... Como na citação de Leibniz por Deleuze (1992), ao se referir à lógica do pensamento: "Pensava-se estar no porto, e de novo se é lançado ao alto mar". Pensava-se estar seguro, tranquilo quanto à essência do Círio, sua imagem, e novamente se é arrebatado por múltiplas imagens que se produzem... por múltiplos Círios que se precipitam. É nesse momento que, espantados, dizemos: "Jamais alguém de fora vai dizer que isso faz parte de uma manifestação religiosa" (Karina Martins – participante do Lab. Círio 2014).

Imagem 12 – Festa da Chiquita 2014

Fonte: Renata Aguiar.

A fala de Karina Martins traz novamente o estranhamento diante das fotografias resultantes do processo com o laboratório, como quem desconhece um rosto familiar em fotos produzidas em anos anteriores e se força para ajustar a imagem antiga com a que se apresenta na atualidade, ou talvez, o que se supõe perceber agora é algo que só está sendo apresentado de outro ângulo, outro ponto de observação, ou mesmo algo reinventado; também se reinventa o Círio na rede que a fotografia agencia com ela. Isso me parece o mais impactante e potente na fotografia, é que por meio do fotografar reinvento-me também enquanto observador, reinvento-me na experiência que a prática faz emergir. É todo um processo que reorganiza os sentidos na ordem das sensações, uma espécie de pedagogia dos sentidos. Sou arrastado por esse processo e digo para mim mesmo: Que estranho! Estou diferente. Meu olhar mudou! Com a fala da participante Karina se encerra este tópico. O laboratório permitiu um encontro entre o Círio e a fotografia, operando por produções de narrativas, compartilhando experiências, arquitetando regimes de visibilidade com o fotografar. Entre um acontecimento e aqueles que o vivenciam muitas vezes resta o silêncio, um mutismo (para ser mais preciso), por conta de uma atitude comum na prática de quem faz pesquisa, na prática daqueles que, por ingenuidade ou livre espontaneidade, se apoderam do direito de voz e falam em nome do outro.

Por entender que a produção de saberes é coletiva e, portanto, necessita de um espaço democrático para que se efetive de fato, escolhemos operar por um dispositivo que nos permite não falar em nome do outro, tão pouco testemunhar em seu lugar. Tratar sobre o Círio, fotografia e subjetivação em um contexto do Lab. Círio é experimentar e participar de um acontecimento que se produziu coletivamente.

Assim, trouxe as falas de alguns participantes do laboratório que estiveram presentes em uma roda de conversa organizada após a conclusão das atividades do Lab. Círio 2014. Minha proposta com o dispositivo roda foi abrir espaço para perceber de que forma os participantes se sentiram afetados pela atividade do laboratório e, sobretudo, de que forma se sentiam afetados ao se exporem novamente às imagens fotográficas produzidas, naquela ocasião, ao comentarem suas próprias imagens e as dos colegas.

O convite para compor a roda de conversa foi aberto a todos os participantes. Estiveram presentes 4 dentre os quais estava uma das organizadoras do laboratório e 3 dos 22 fotógrafos que fizeram parte do Lab. Círio. A roda de conversa foi realizada na própria sede da Associação Fotoativa. Para a atividade foi pedido que cada participante levasse algumas das suas fotos produzidas no laboratório.

3.7 Tecendo cordas, trançando Círios: Roda de conversa

"O resto é silêncio"
Willian Shakespeare

Agambem (2008) acusa que o horror de Auschwitz resta em nossos dias constituindo silenciosamente nossas subjetividades. Em meio aos testemunhos das pessoas que sofreram o ápice da violência do nazismo, nesse campo de concentração polonês, permanece um vácuo de vozes caladas, vozes de prisioneiros mortos e de prisioneiros que, mesmo vivos biologicamente, estavam mortos em vida por já não serem capazes de se auto reconhecerem seres vivos e humanos. Essas pessoas eram apelidadas de muçulmanos pelos demais prisioneiros e vegetavam entre aqueles que ainda lutavam por um lampejo de existência naqueles escombros.

Agambem problematiza uma questão bastante interessante e pertinente para pensarmos o dispositivo roda de conversa, trazendo em suas discussões a questão do testemunho. Para o autor, testemunhar Auschwitz é algo que se encontra em meio a um problema, pois as "testemunhas integrais" daquele horror, ou seja, as pessoas que vivenciaram de forma extrema aquele estado de exceção dentro dos campos de concentração foram caladas de duas maneiras: ou porque sucumbiram às situações de violência intensa e morreram no campo de concentração ou em razão daqueles que optaram falar em nome delas e anularam a possibilidade de uma reflexão profunda e concreta sobre o que aconteceu no campo de concentração. Jamais nos permitimos pensar Auschwitz e suas atrocidades, tão pouco nos questionamos sobre aquilo que há de potencialmente destruidor em nós mesmos.

> Dizer que Auschwitz é "indizível" ou "incompreensível" equivale a euphemein, a adorá-lo em silêncio, como se faz com um deus; significa, portanto, independente das intenções que alguém tenha, contribuir para sua glória. Nós, pelo contrário, "não nos envergonhamos de manter fixo o olhar no inenarrável". Mesmo ao preço de descobrirmos que aquilo que o mal sabe de si, encontramo-lo facilmente também em nós (AGAMBEM, 2008, p. 42).

A crítica de Agambem reside no silêncio perpétuo frente às situações e práticas que nos levam cotidianamente à negação da humanidade do outro e, consequentemente, ao escárnio e aniquilação de seus modos de existência. As atrocidades cometidas em Auschwitz foram nomeadas, patologizadas, judicializadas e criminalizadas; alguns dos responsáveis por esse sistema foram condenados e responsabilizados perante as sociedades, mas as forças que produziram Auschwitz permanecem maquinando e sendo maquinadas em nossos tempos, constituindo nossas subjetividades. Colocado como um horror do passado e, portanto, supostamente superado somos incapazes de enxergar essas práticas de exceção que permanecem em nossos dias. Desse modo, Auschwitz continua a ser produzido em nossos tempos. A questão do testemunho então reside nesse plano. Essa problemática está também presente nas reflexões de Foucault (2013)[52] e Deleuze (1992)[53] quando problematizam e insistem na máxima de tentar não falar em nome do outro. A democracia, dessa forma, precisa estar presente como prática e, portanto, precisa de fato atravessar e constituir tudo o que fazemos, caso contrário insistiremos em esquemas individualistas, fascistas e de silenciamento. A produção de saber é sempre coletiva, portanto não faz sentido tentar falar em nome de alguém, de um grupo, de uma classe, mas promover espaços para produções coletivas de saber.

A roda de conversa é proposta por Gastão Campos (2000) a partir dessa necessidade e da importância de se criar um dispositivo de análise e cogestão de coletivos, ou seja, a ideia seria criar um modelo de maior participação coletiva nas instituições, superando os dispositivos de gestão e autogestão simplesmente, "operada pelos sujeitos em coletivos organizados, no qual o autor referencia o construtivismo sócio-histórico da pedagogia, denomina-o de Método da Roda ou Método Paidéia" (DA PONTE, 2013).

Nesse sentido, propus o dispositivo roda para esta pesquisa como mais uma possibilidade de produção coletiva e análise do Círio de Nazaré, a partir das falas de alguns participantes do laboratório e do contato e reexposição às suas fotografias do Círio daquele período. Trouxe aqui as falas dos integrantes da roda descritas na íntegra, juntamente com as fotos produzidas pelos mesmos, e minhas respectivas considerações e análises.

O convite para fazer parte da roda de conversa foi aberto a todos e todas que estavam presentes no laboratório, quatro participantes concordaram em participar. No início do encontro, os participantes foram avisados de que estavam livres para comentar o que achassem interessante sobre a experiência com o laboratório, sobre o tema Círio e a produção das fotografias. O encontro foi gravado e, posteriormente transcrito.

---

52   No texto "O que é um autor?", por exemplo.
53   Em entrevista a Robert Maggiori em setembro de 1986, Deleuze comenta sobre o livro que escreveu em homenagem a Foucault, dizendo: "Nesse livro não tento falar sobre Foucault, mas traçar uma transversal, uma diagonal que iria forçosamente dele até mim (não tenho escolha), e que dissesse alguma coisa dos seus objetivos e dos seus combates como os percebi". A entrevista completa está na coletânea *Conversações (1992)* intitulada *Rachar as coisa, Rachar as palavras*.

Cinthya Marques

"Esta imagem aqui eu trouxe, e ela não tem os signos do Círio, mas foi num dia de Círio, num dia da Motorromaria. É de cima de um prédio da Presidente Vargas, a rua interditada e uma pessoa atravessando".

Imagem 13 – Círio 2014

Fonte: Cinthya Marques.

"Bem, sobre o processo, foi muito importante pra mim tanto quanto eu acho que foi para todos os participantes. Discutir as imagens e contextualizar questões voltadas pra essa visualidade que é muito rica. Eu já vi muitos trabalhos, também já tentei fazer algumas fotos em preto e branco, mas eu acho que o Círio é cor, eu tenho isso comigo. Então ano passado foi a vez em que eu acho que experimentei mais a cor mesmo. Estas impressões nem estão em uma qualidade tão boa, o céu azul tá um pouco mais escuro, enfim. A impressão não está do jeito que eu tratei, que eu gostaria, mas assim, gosto muito dessas cores e dos signos fortes: terço, da corda, até da maçã do amor que é algo que tá em volto no nosso arraial... é cultural! A gente tá nas festas religiosas no Norte tem sempre um arraial, brinquedos, as comidas, e é um signo bem forte pra mim".

Imagem 14 – Círio 2014

Fonte: Cinthya Marques.

"A gente discutiu bastante no laboratório trabalhos de fotógrafos que vinham com essa questão da corda, de todo o simbolismo que ficou muito evidente assim. Eu acho que eu nunca tinha fotografado a corda, por exemplo, e essas duas fotos são ali, daquele momento da corda na Presidente Vargas. Eu nunca tinha fotografado (eu acho) a corda tão de perto, eu ficava mais longe, e é até mais casual essa foto, minha pegada sempre foi mais casual".

Imagem 15 – Círio 2014

Fonte: Cinthya Marques.

"Mas assim, com todas as referências que a gente recebeu do trabalho do Patrick Pardini e do Octávio Cardoso, os dois com preto e branco muito forte. As referências que o Miguel Santa Brígida e o Paes Loureiro deram pra gente também, essa questão do Círio, do carnaval, da carnavalização, de todos os signos que envolvem isso, então ai eu decidi fotografar a corda, com toda a dificuldade de fotografar a corda, estar perto é estar quase dentro da corda, então, foi quando eu fui entender essa questão do esforço humano."

Imagem 16 – Círio 2014

Fonte: Cinthya Marques.

"Muitos guardas, muitos militares, a guarda do Círio... eles entram demais na cena. É difícil escapar. Aqui eu consigo escapar, mas é uma de cem, não é sempre que eles não estão inseridos. Olhando pra cá, as cores, o terço, uma senhora com 'Mãe de Deus', uma referência indireta, o texto no meio da foto no momento em que ela tá vendo o terço. Eu tava tentando buscar isso, o acaso."

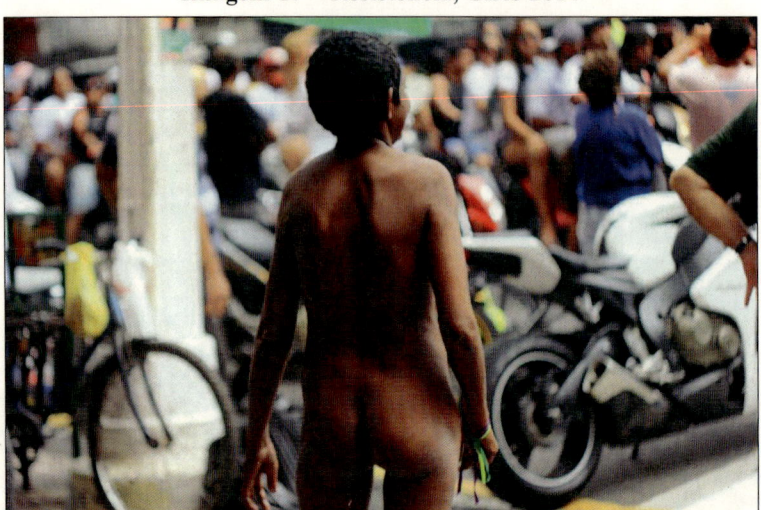

Imagem 17 – Resistência, Círio 2014

Fonte: Cinthya Marques.

"Na verdade, assim, eu nasci em Macapá e lá tem Círio, só que não chega a essa imensidão que é o Círio aqui de Belém. Em Belém é uma coisa realmente surreal. Quando eu vim morar em Belém eu não costumava ir no Círio. Então o que eu conhecia do Círio era a parte da noite, de manhã eu ficava em casa e tal. Depois, há uns cinco anos atrás, quando eu passei a morar aqui na Campina mesmo eu comecei a perceber como a cidade muda no período do Círio, como as pessoas ficam alegres, festivas, como o comércio comemora porque eles estão vendendo muito. Então morando na região do comércio, com restaurantes, lojas, os ambulantes na rua, tá todo mundo vendendo muito, *souvenir*, camisa, chaveiro, CD com músicas religiosas, comida, maniçoba, vatapá, e as pessoas passando, na Presidente Vargas mais do que o normal, já que já é uma avenida movimentada por conta dos bancos, do comércio, do trabalho, mas durante o Círio ela simplesmente vira um outro lugar, os lugares ficam mais cheios, as arquibancadas começam a ser montadas na praça, os bancos montam seus palcos paras as homenagens que não são homenagens, são *shows,* os fogos, cantores famosos: Fafá de Belém, Pe. Fábio de Melo, enfim, vários que vem do Brasil todo pra cantar."

Imagem 18 – Círio 2014

Fonte: Cinthya Marques.

"Apesar de ser uma festa religiosa eu acho que ultrapassa essa questão da religião, falando assim de uma visão comercial, de uma visão comemorativa. É bom para as finanças do estado, fortalece o turismo. É bom para o comércio porque as pessoas vendem, o comerciante pode não ter religião nenhuma, mas ele tá feliz porque ele tá vendendo. Por isso que dizem que é o Natal dos paraenses, porque é quando tá todo mundo mesmo comprando, é outubro então teu décimo já tá saindo... Então eu acho que mesmo as pessoas que não são religiosas ou são de outra religião acabam tendo uma receptividade diferente, de uma festividade mesmo. Tudo isso começou a aparecer, a saltar aos meus olhos. Comecei assim a perceber que, na verdade, é uma coisa que não pode ser ignorada, é uma festividade, é um ato, é uma manifestação da cidade que não pode ser ignorada, porque eu mesmo já não conseguia ignorar, mesmo não querendo participar eu estava inserida. Eu descia e via tudo aqui, todos esses signos."

Imagem 19 – Círio 2014

Fonte: Cinthya Marques.

"Eu venho de uma família muito católica mesmo, a formação cristã está impregnada em mim, mas durante muito tempo eu deixei de lado, igreja católica, as questões históricas, enfim, a gente não pode também fechar os olhos, fingir que não existiu, mas essa questão do Círio, dos Círio de bairro está impregnada em mim, tá na minha formação. Quando eu era criança e falavam 'Ah, a santa vem aqui', como se fosse uma pessoa, ai, com a minha imaginação de criança, eu era uma criança com uma imaginação muito fértil, filha única, eu tinha que brincar, ai imaginava 'Ah, lá vem a santa!'. Pô! a santa. Imaginava, sei lá, um espírito, uma entidade, mas quando via era só uma imagem."

Imagem 20 – Círio 2014

Fonte: Cinthya Marques.

"Eu busco o que não tá sempre em evidência no Círio, gosto de ir pra isso de como as pessoas estão se sentindo, o que acontece ao redor da berlinda, da santa. Desse tempo que moro aqui eu já experimentava, à noite eu vinha pra Chiquita pra encontrar as pessoas, aí via alguns colegas fotógrafos passarem, mas não vinha com a minha câmera, não vinha com essa coisa de vir fotografar. Já conhecia a festa, a procissão, mas não participava fotografando, mas depois, ao longo de uns cinco anos pra cá que eu vim começar a documentar mesmo, e antes de morar em Belém eu vivia o Círio de Macapá que é um Círio menor, mas que é a mesma coisa, a procissão. Antes de eu começar a fotografar o Círio não tinha muita importância, na verdade. Eu achava legal, mas não sentia. Eu observava, vinha passava, ficava na praça, mas não vivia aquilo, não sentia. Depois que eu comecei a fotografar fui perceber que existem detalhes pra serem observados e sem explorados, mas antes mesmo não fazia muita diferença não. Era só mais uma data."

Imagem 21 – Círio 2014

Fonte: Cinthya Marques.

Imagem 22 – Moto Romaria 2014

Fonte: Cinthya Marques.

É interessante ouvir e perceber como o ato de fotografar coloca Cinthya em um outro momento diante do Círio. Cinthya que se dizia não ter muita intimidade com a festividade passa a descobri-la no momento em que começa a fotografá-la. As palavras de Cinthya fizeram-me lembrar do meu próprio percurso com o laboratório e, portanto, com o Círio também, pois as referências de meus colegas de laboratório e os encontros com os convidados também causaram-me certo estranhamento diante da festividade, estranhamento que me instigou a procurar mais e estar mais atento à festividade de forma geral. As fotos de Cinthya são, para mim, disparadoras de sentimentos nostálgicos de meus primeiros momentos na procissão. Olho para o espanto das crianças nas fotos e logo me vem a imagem dos Círios que vivi durante minha infância, da sensação de espanto com aqueles momentos vivenciados na festividade.

O acaso que a fotógrafa tanto busca com o fotografar parece ser aquilo que há de mais simples e rotineiro em toda a festividade, ou seja, é o olhar assustado de quem vive o Círio como um grande encontro. O acaso parece operar na medida em que Cinthya traz com sua fotografia os elementos dos quais desviamos o olhar ou ignoramos. Quando olho as fotos de Cinthya percebo com mais profundidade a potência contida na festividade que reside na possibilidade de encontros imprevisíveis. Vemos a Santa passar, todos param para contemplar e, de repente, eis que uma mulher nua corta a visão de todos e puxa para si os olhares que repousavam na Berlinda. Mais a frente, em meio aos veículos que seguem em procissão na moto-romaria, surge uma família para atravessar a rua, observam a movimentação da cidade com certa curiosidade, uma quebra em meio ao fluxo de êxtases com a procissão.

Com sua fotografia Cinthya parece devolver à festividade certa trivialidade contida e, talvez, já esquecida. As fotos de Cinthya também profanam no sentido de que parecem nos lembrar que o Círio é produto popular, é manifestação do povo e ao povo pertence. O trabalho de Cinthya faz evocar em mim aquilo que mais aprecio e que, ao mesmo tempo, ratifica meu espanto com a festividade, pois, talvez, sua fotografia aponte o que há de mais sagrado no Círio, ou seja, provavelmente e paradoxalmente o que há de mais profano na festividade: a força popular que sai às ruas em festa e sem temer ocupa e apropria-se dos espaços da cidade em êxtase e celebração. Encontro-me aqui com a potência política da Festa Nazarena.

Tarcízio Macedo

"É uma tomada do espaço público incrível, ver todo mundo ali nas ruas, e não é só aqui, mas nos interiores também com outros Círios. Vim também de uma formação bem católica vivenciei bem o Círio dos bairros, mais por conta da minha vó que por meus pais. Eu acho muito legal esse trabalho do colorido do Círio que é um Círio mais alegre, que é o Círio do jeito que ele é. É muito cheio de cores, de beleza, de coisas típicas nossas como a maçã do amor que é super comum, enfim. Essa questão da face, do corpo, dessa comunicação mais de sentimento que as pessoas estão tendo naquele momento, experimentando, que é uma coisa que eu gosto muito de ver e que eu trabalho na minha pesquisa que é a questão de experimentação, experiência, essa questão também desses processos ritualísticos, de como essas imagens, esse sentimento aparecem nas expressões das pessoas".

Imagem 23 – Círio 2014

Fonte: Tarcízio Macedo.

"Acho muito interessante quando esse pote enche e transborda, eu nunca tive muita vontade de fotografar o Círio aéreo, é interessante, mas acho que são as imagens mais recorrentes do Círio, o macro, 'A Grande Festa Religiosa', 'A Grande Procissão', 'O Grande Momento da Fé', isso é muito legal, mas eu gosto muito de pegar aquele momento mais individual das pessoas, e isso acaba me levando a fazer um Círio um pouco mais sem ser Círio, que ao mesmo tempo em que é Círio você também não percebe que é Círio. Então, foi isso que eu tentei fazer no laboratório".

Imagem 24 – Círio 2014

Fonte: Tarcízio Macedo.

"Eu acho muito legal esse trabalho da Cinthya que vem das cores. Eu já tento fazer algo diferente, já tem três anos que eu fotografo o Círio e sempre fiquei preso ao preto e branco, porque eu acho assim que quando eu escolhi o preto e branco é porque eu acho que há uma potência muito forte nessas cores, para mim é aquela questão do branco ser divino, transcendente, e o preto aquela coisa mundana, as pessoas, e como se juntam no Círio o divino e o humano, como a imagem caminha no meio de nós, como ela vai caminhando junto conosco. É aquela coisa que antes você não imaginaria ser possível, a imagem está sempre lá em cima, inalcançável, a gente tá sempre aqui em baixo, mas no Círio não, tudo se junta, e então achei no preto e no branco uma síntese desse processo que me chama muito a atenção, mas eu tenho uma vontade de pegar esse trabalho de cores, pois o Círio é também tudo isso, a maçã do amor, cores muito intensas. A própria imagem da santa que é muito colorida, tem o manto muito colorido, muitas flores, muitas rosas, os terços de diferentes cores, as fitas de diferentes cores. Mas eu gosto de pegar o Círio um pouco mais sem ser Círio, que é Círio, mas que a gente acaba percebendo como não Círio".

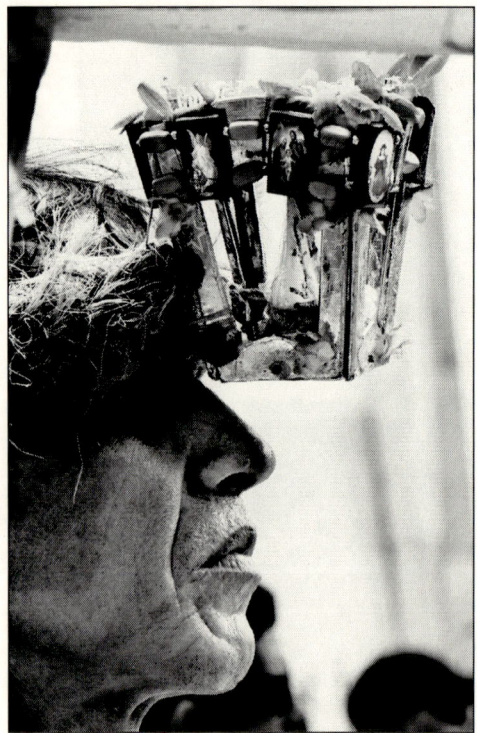

Imagem 25 – Círio 2014

Fonte: Tarcízio Macedo.

"Quando fui fotografar também foi uma experiência completamente diferente, pois como eu disse, eu não costumava ir (muita gente!). Quando eu fui fotografar a primeira vez eu deveria ter dezessete anos, então antes disso eu era muito novo, eu tinha medo, não eu, mas minha mãe, meus pais, um pouco de receio, tanta gente, porque fora esse Círio maravilhoso tem o Círio perigoso que a gente sabe que tem que ter cuidado e tudo mais. Eu acompanhava mais perto de casa, quando ela passava, corria pra rua pra ver, era uma outra visão. Acompanhava muito o Círio pela televisão, assim, eu tinha que ver pela televisão, gostava, adorava. Como esse Círio mediado pela televisão é mais diferente, o Círio pelos olhos do que querem te mostrar e quando fui fotografar eu pensei eu vou ver o que eu quiser ver, e foi porrada, pensei, nossa! Tem muita coisa que eu não imaginava, tem muitas coisas que eles não mostram. Às vezes eles só querem mostrar o martírio, só a dor das pessoas, eles não mostram a felicidade, o choro e a dor, mas de alegria, essas coisas que você só vê quando você tá ali"

Imagem 26 – Círio 2014

Fonte: Tarcízio Macedo.

O trabalho de Tarcízio com o Círio e com a fotografia parece se concentrar mais no sentimento e na individualidade de cada pessoa em experiência com a festividade. Interessante a expressividade dos rostos contidos no trabalho deste fotógrafo em uma estética bem diferente daquela proposta por Cinthya.

As fotos de Tarcízio colocam-me diante de um Círio religioso, dos promesseiros, o Círio como manifestação de fé. Os rostos das pessoas nas fotos me remetem a uma espécie de dor compartilhada. É a dor que carregamos juntos nas promessas que pagamos na corda. A dor do desespero de quem enfrenta com fé as dificuldades impostas pelos problemas particulares. As fotos de Tarcízio logo me remetem aos rituais de sacrifício e de autoflagelação comuns em alguns locais do país e trazem a perspectiva de um Círio mais próximo de algumas manifestações religiosas destes locais. O fotógrafo parece recorrer àquilo que há de mais humano da festividade, ou seja, traz a partir do fotografar o momento exato em que a experiência com o Círio se imprime nos rostos dos promesseiros. Olhando essas fotos lembro dos meus momentos de dor durante a procissão e do quanto é emocionante fazer parte de tudo aquilo, sinto-me próximo das pessoas, pois naquele momento parece que comungamos do mesmo sofrimento, das mesmas angústias. As fotos de Tarcízio provocam em mim uma ideia de pertencimento, uma ideia de que não se sofre em silêncio.

Karina Martins e Breno Moraes

Karina: – É interessante essa imagem. Não é aquela que tu mandarias para um salão. Égua, mas ela é fantástica! Nela você vê diversos personagens: aqui a santa, tu vês aqui mais ou menos uma mulher paramentada de baiana, vê esse cara aqui o coração sagrado de Jesus, vê esse indígena, ai tu vês um monte de fotógrafos, um romano, os anjos, vê marinheiro, vê uma mistura de personagens de diversas culturas, ocidental e a oriental também um pouco.

Imagem 27 – Auto do Círio 2014

Fonte: Breno Moraes.

Breno: – É o que falei, a escolha dessas fotos não é questão meramente estética de salão (a Karina já comentou), mas sim pelo simbolismo que essa foto acaba reportando, pode-se dizer, o objetivo do Lab. Círio que foi de talvez ter uma visão mais ampla do que seja o Círio. Atualmente minha visão de Círio é festa. É festa cultural, é festa econômica, festa turística, festa de fé... é uma festa que o convidado escolhe o que vai fazer. Ele vai pra esbórnia, ele vai rezar, ele vai apenas curtir, vai apenas tirar foto, ele escolhe! Ele pode ter um objetivo ou pode ter vários ao mesmo tempo. Essa foto também eu achei muito simbólica pela questão de mostrar que tudo está em volta de um barco, e em cima deste barco, de um manto. Não tem a santa. A santa, a imagem, não faz parte. Então o Círio acabou sendo algo além da imagem, até porque a fé não tem que ficar numa imagem. Eu sou católico, mas eu acho que a fé não pode permanecer numa imagem, mas em um símbolo, tem que ficar no que ela representa. Mas pra muitos o Círio é a imagem. Aqui nesse momento de festa nós temos tudo menos a imagem, representada pelo manto que às vezes, acho, que até se sobrepõe à imagem. Então tem uma série de simbolismo nessa foto que eu achei muito interessante, que representou, na minha opinião, a conclusão do laboratório do Círio, que é, como falei, uma festa e pronto, acabou. O que vai estar inserido nessa festa você vai decidir, de acordo com sua conveniência, com sua vontade. Foi por isso que eu escolhi essa foto, porque achei muito legal. além dela ser colorida, trazer muitos personagens, eu gostei bastante dela.

Karina: – Eu gostei também muito dela.

Breno: – Essa foto das santas é como se fosse um carnaval. Isso não foi uma procissão, foi um carnaval, um carnaval em que as pessoas estavam dançando, cantando e festejando uma festa que a cada dia tem seu orgulho aqui no Pará. Orgulho não da procissão, orgulho da festa. Este ano foi a primeira vez que eu fui pro Auto do Círio, mas creio que ele está crescendo a cada ano. Ele tá virando algo realmente marcante no calendário da festividade, e achei bacana isso: "Olha, hoje é o dia do carnaval. Carnaval do Auto do Círio. Qual o enredo desse carnaval? É o Círio" Ai tanto é que a santa ficava lá voando, toda bonita voando, olhando o que tava acontecendo, como se estivesse abençoando a alegria dos que estavam lá.

Imagem 28 – Auto do Círio 2014

Fonte: Breno Moraes.

Karina: – Parece Carnaval em Ouro Preto. Jamais alguém vai dizer que isso faz parte de uma manifestação religiosa que é aqui na cidade.

Breno: – Agora, já em termos artísticos eu gosto desta foto, gosto da cor.

Karina: – Ah, eu gosto também. Te confesso que no dia eu não vi esses bonecos. Bonito! Gostei!

Breno: – Essa foto, pra mim, já representa a questão da energia do Círio. Eu gosto muito dessa foto, guardo com carinho, até porque eu vejo uns círculos de água aqui. Você pode ver a água caindo nele, você vê o movimento, mas além da questão estética, eu gostei da energia. Mostra a energia da corda, a energia que está na procissão. Você pode prestar atenção que, muitos que falaram no Lab. Círio, falaram que sentem a energia do Círio, e essa foto nada mais é do que o que elas falaram, a energia que transbordando, na forma de alegria, na forma do suor, das águas, na formas das sombras das pessoas que estavam passando, enfim. Representa o movimento, a energia do Círio.

Imagem 29 – Trasladação 2014

Fonte: Breno Moraes.

Breno: – Essa última, eu acho que, talvez, seja a mais simbólicas de todas as fotos do Círio que eu tirei, essa e uma da Berlinda que eu adoro e que foi vetada no laboratório, que eu chamava até de "Contemplação" a foto. Porque? Porque essa é a visão da Berlinda, e por coincidência foi tirada no mesmo momento da foto que é a que eu gosto mais. Eu estava literalmente atrás da Berlinda e comecei a reparar que as pessoas não sabiam se rezavam ou tiravam fotos. Foi proposital. Essa foto não foi um mero acaso. Eu acho que eu tirei umas trinta fotos dessa até chegar neste ângulo.

Imagem 30 – Círio 2014

Fonte: Breno Moraes.

Breno: – E na mesma hora eu virei para olhar o que eles estavam contemplando, e me deparei com a Berlinda. É o expectador e o objeto que eles estavam visualizando. Hoje em dia a gente vive muito a questão do *facebook*, vive a cena do *instagram*, então a gente não sabe mais o que faz, a gente não vive o momento. Isso é muito significativo, você não sabe se reza, se tira foto, não sabe o que faz.

Imagem 31 – Círio 2014

Fonte: Breno Moraes.

Karina: – E o interessante é que a vida tá passando ali na frente, você registra, aí corre pra rede social pra postar, mas o acontecimento ainda se desenrola e tu não acompanha o restante. Eu acho que essa tua foto resume muito o momento em que a gente vive, das redes sociais, da tecnologia, e o interessante nela, Breno, é que justamente dois objetos se sobrepõem, que é a mão e o celular do lado. Esses dois elementos da fotografia resumem muito a imagem e a era em que a gente tá vivendo.

Breno: – E eu coloco mais um, que é as pessoas brigando para ver algo, você vê os rostos, os olhos se comprimindo para tentar enxergar. Acho muito legal!

Karina: – E o tratamento em PB também ficou bem bacana.

Breno: – Ficou e é isso que é engraçado, porque não deu trabalho. só fiz colocar em preto e branco mesmo e aumentar a nitidez. Tava um sol bem chapado de quase dez ou onze horas da manhã, então ajudou.

Karina: – É, nessa hora é melhor PB.

Breno: – Ajudou porque a abertura devia estar, eu acho, que em sete. Então a nitidez foi a maior possível. Eu gosto muito dela! Vamos ver as da Karina.

Karina: – Eu não fui muito abrangente nas minhas imagens. Eu foquei as minhas imagens praticamente naquilo que todo mundo espera do Círio, aquela coisa da tensão, do sofrimento, da emoção do pagador de promessas, que é o indivíduo que está mais próximo do foco principal que é a Berlinda. Eu foquei meu trabalho neles. Acho que esse ano eu vou sair um pouco mais dessa questão só dos promesseiros, senão você acaba que fotografa só um objeto e perde alguns lances importantes que também contam a história do Círio. Eu fiquei muito focada na corda e no entorno dela, no caso os pagadores de promessa. No máximo estendendo o registro paras as pessoas que acompanham os promesseiros, porque muitos deles não estão só, sempre tem alguém do lado, da família, ou empurrando, jogando água neles. Mas eu foquei mesmo no aspecto humano da festa, não parti tanto para os aspectos alegóricos, foi mais o aspecto humano mesmo, que é o que me interessa, na fotografia de modo geral, são as pessoas.

Breno: – Acho interessante isso no trabalho da Karina, ela foca muito nas pessoas, em como estão se sentindo, o que difere um pouco de mim, eu nem sempre foco nas pessoas. Eu acho interessante isso, a questão do olhar, o olhar diferenciado. Acho engraçado, às vezes, eu me obrigo a olhar as pessoas, eu tenho fotografias que mostram espaços vazios, por exemplo. Às vezes me foco mais no movimento do que nas pessoas, eu foco no movimento das pessoas. Acho bacana. São as variadas visões que temos do Círio.

Imagem 32 – Círio 2014

Fonte: Karina Martins.

Karina: – Acho interessante que, durante o Círio, para onde você olhar, tem uma expressão diferente: tem alguém que tá rindo, alguém que tá chorando, alguém que tá rezando, alguém que tá fazendo cara de tensão, alguém que tá encenando... tem gente que tá no maior sofrimento na corda, mas quando te vê com a câmera, já sorri.

Breno: – Tinha um homem que eu fotografei, mas não trouxe a foto e que toda vez que eu olhava pra ele, ele encenava que tava sentindo dor. Aí eu olhava e achava graça, mas depois fiquei com raiva, pois poxa, eu sabia que aquilo era uma encenação. Mas olha, às vezes a gente fala que é encenação, mas também é a questão da multiplicidade de tudo que você pode vivenciar no Círio, você acha graça, logo após tá rezando, logos após algo emociona você. Eu, como fotógrafo, eu tava vivendo um situação difícil na minha vida, que eu não sabia se ia dar certo ou não, a gravidez da minha mulher, a nossa gravidez, perdão. E eu tava revivendo um pouco a minha fé, então eu achei graça, eu chorei, em alguns momentos eu rezei – coisa que eu não faço. Então você consegue vivenciar tudo isso no Círio. É uma festa que você decide o que fazer, pode fazer tudo ao mesmo tempo. E também, eu lembro que na época do Lab. Círio um grupo de amigos meus estava criticando um colega nosso dizendo que ele adorava o Círio porque ele ficava com ereção só de olhar a corda. Então o Lab. Círio foi algo interessante porque eu comecei a conversar sobre o Círio com as outras pessoas e comecei a perceber toda essa multiplicidade de sentimentos, e comecei a ver também, talvez muitas pessoas vejam somente como uma questão sexual mesmo. Então tudo isso é interessante. A Festa da Chiquita deve ser muito interessante fotografar, por que é engraçado ver alguém com uma blusa do Círio que comprou como um *souvenir* que tem a origem em uma festa religiosa, mas que comprou para ir em uma festa LGBT, que tem "pegação", é como se você estivesse comprando uma blusa do Mickey pra ir para a Disney, sendo que tudo isso tá inserido em uma festa religiosa. O Lab. Círio foi bom para ampliar.

Karina: – É verdade. Quebrou muitos paradigmas, eu acho, que nós tínhamos sobre o Círio.

Breno: É legal também perceber como os costumes se modificam, se transformam, e com essa transformação conseguem perpetuar algo. Talvez o Círio só seja perpetuado graças a essa abertura de situações, com tudo isso quem tem fé consegue, vai conseguir ir nessa festa. Não adianta você reclamar que ela está se desviando, que está se ampliando demais, mas talvez essa seja a única salvação do Círio.

Imagem 33 – Círio 2014

Fonte: Karina Martins.

Breno: – A questão da prática fotográfica, eu ach o interessante, principalmente no Círio porque tem muita confusão, então em certos momentos você acaba tirando muitas fotos aleatórias ou então você fixa uma imagem, tenta capturar uma imagem e depois você visualiza outra totalmente diferente, isso é interessante, porque no dia-a-dia você olha o que quer ver, então, por exemplo, estou conversando contigo e meu foco é apenas a tua pessoa, se eu tirasse uma foto disso, mais tarde, iria começar a perceber outras coisas. Por exemplo, essa foto que eu tirei das mãos, o que eu queria mostrar era o celular e a fé, ao mesmo tempo, mas depois, quando eu vejo essa foto eu percebo um bocado de coisas novas. O olhar fotográfico é isso, às vezes. Às vezes é você mirar em um objeto e vê outro, e nesse ponto a fotografia te ajuda, a ter uma visão às vezes deturpada, mas, às vezes, detalhista do evento. Você acaba vendo além do que você quer ver.

Imagem 34 – Círio 2014

Fonte: Karina Martins.

Karina: – Com relação à fotografia, por exemplo, eu fotografei esse rapaz aqui, ele tava próximo ao CAM e realmente ele estava sofrendo, mas quem vê essa foto, eu fiz essa foto com uma intenção, mas outras pessoas podem olhar pra ela e ver outras coisas além do que eu vi.

Imagem 35 – Círio 2014

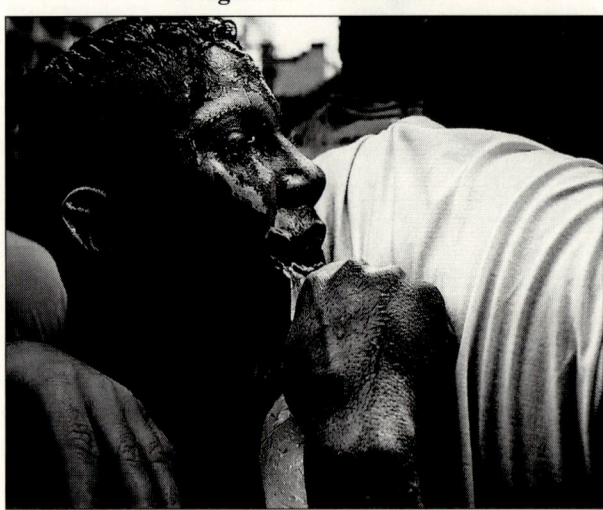

Fonte: Karina Martins.

Karina: – A fotografia te permite isso. A partir do momento que você registra ela deixa de ser tua. A tua intenção se esvai. Cada um vai ver nessa imagem diversas coisas, dependendo da sua cultura, do que você carrega na sua vida, das diferentes leituras.

Imagem 36 – Círio 2014

Fonte: Karina Martins.

Karina: – Eu sou muito crítica com o meu trabalho e, assim, eu não aguento mais olhar pra essas minhas fotos. Eu acho que fiquei muito amarrada somente na questão humana da festa, apesar de eu gostar, de ser o meu foco na fotografia, eu acho que esse ano eu vou caminhar por outros percursos que não seja só a questão humana. Vou continuar a fotografar pessoas, sim, mas não apenas nessa condição aqui do sofrimento, de acompanhar a corda. Eu vou olhar com mais carinho esse lado periférico da festa.

Breno: – Esse Lab. Círio como um todo foi um exercício disso, uma tentativa de tentar ver não só o estereótipo, não só o que dizem que é, mas tentar compreender da sua maneira aquela situação, não necessariamente tentar fugir do estereótipo, mas tentar ver se ele bate com a sua concepção de realidade. Foi um exercício muito legal. Outra coisa bastante legal também no laboratório é que existiam pessoas muito diferentes, existiam pessoas que eram espíritas, existiam ateus, umbandistas, existiam católicos praticantes e não-praticantes, então cada um acabou dando sua visão que possibilitou a gente uma abertura para acessar a visão dos outros, pudemos ver a concepção das outras pessoas também.

Karina: – É, não era uma turma homogênea, diferentes idades, diferentes formações, diferentes visões de mundo, religiosidades, era uma turma bem heterogênea e isso quando você sabe absorver, quando você sabe interagir com as outras pessoas, isso te enriquece como pessoa, como profissional. Tu estudas, tu planejas uma determinada situação pra você vivenciar, mas ai conversando com o Breno, com a Márcia, tu já enriquece aquele planejamento, você amplia aquilo. Como eu digo, a educação vai além da educação formal, além do que aquela transmitida do mestre para o aluno, existe isso aqui, a educação informal. Eu, pelo menos, aprendi muito, absorvi muito. Sou mais de ouvir de que falar. Alguém fala, ai você fica ali matutando as palavras, outro fala um termo que não conheço e já corro pra internet pra saber o que é. Nunca tentando se apropriar ou copiar a ideia de ninguém, mas isso enriquece a tua vida.

Breno: – Se apropriar sim, o artista nada mais é do que uma pessoa que absorve a ideia dos outros e modifica em uma criação própria.

Karina: – Não, mas às vezes eu acho que tu tens uma ideia ou a ideia tá na tua cabeça, mas tu não consegues dar um rumo pra ela, ai alguém fala alguma coisa e tu dizes: "Poxa, é isso mesmo!". Aí tu consegues arrumar as coisas. Eu acho que é muito assim.

O diálogo entre Breno e Karina me fez percorrer diversos momentos dos Círios vivenciados por eles em suas fotografias. Breno, com a ideia de fotografar o Auto do Círio trouxe novamente uma perspectiva carnavalesca da festividade envolta em uma áurea religiosa por conta das figuras sagradas do anjo e de Nossa Senhora de Nazaré, em sua primeira foto deste tópico. Assim, recorre à Berlinda na procissão de domingo para concluir sua ideia de produzir um *clichê* bem feito. Contudo se depara com algo espantoso. As mãos que veneram e saúdam a imagem da Santa são as mesmas que a fotografam, em uma espécie de desfile onde a Santa seria a modelo principal. A foto de Breno aponta o ato de profanação: a Santa caminha, reluzente, como em um grande desfile de moda.

A terceira foto de Breno parece remontar a questão dos fluxos que atravessam festividade, e a fala do fotógrafo reitera sua intenção com aquele fotografar: a de evidenciar os elementos e as forças que estão contidas nas procissões de outubro.

Karina recorre aos rostos das pessoas para pintar, com sua técnica, alguns dos personagens que fazem parte da festividade. Os promesseiros são retratados em preto e branco conferindo às imagens um contraste mais expressivo, imprimindo nas expressões de dor uma profundidade singular. Karina cria com as imagens um estreitamento com o Círio devoto através da dor sentida na pele dos promesseiros. Quando observo suas imagens fica quase impossível desviar o pensamento do êxtase vivenciado durante o Círio em cada um de seus eventos.

Interessante também perceber o efeito das fotografias nos próprios participantes. Ao comentarem os trabalhos um do outro, Karina, na segunda foto apresentada por Breno, faz uma relação do cortejo do Auto do Círio com o carnaval na cidade de Ouro Preto, ressaltando a dessemelhança daquela imagem com a de uma festa religiosa. Breno, por sua vez, percebe as diferenças entre o trabalho da colega e o seu, exaltando esse olhar diferenciado sobre o mesmo evento o que é responsável por produzir diferentes realidades e experiências com a mesma manifestação.

Ambos, ao se depararem com as imagens que produziram, tecem suas críticas em relação ao próprio trabalho apontando assim uma característica artística da fotografia: a de estar sempre em movimento. Breno diz, ao comentar uma de suas fotos, que o olhar foca em um ponto, mas ao nos depararmos com a imagem pronta percebemos uma série de elementos e situações que outrora nem imaginávamos, essa percepção diferenciada da foto exposta também pode ser e é comumente apontada por outras pessoas que contemplam a imagem produzida. É como Karina diz: "feita a foto ela não mais nos pertence", e as experiências de outros observadores com as fotos que produzimos já estão fora de nosso controle.

Entrar em contato com as falas dos participantes sobre a vivência no laboratório é como reviver alguns momentos daquelas noites no Fórum Landi, experiências que se atualizam porque a percepção já não é a mesma, o olhar mudou. Entra-se em contato com algo novo, novas sensações, novas linhas de pensamento, tal qual ao olhar uma fotografia e se deparar com detalhes e sensações que não haviam preenchido o corpo e o olhar em um momento de apreciação anterior, pois a experiência potente é aquela que produz deslocamentos. Na medida em que somos deslocados, nos tornamos outros, desterritorializados, sem afirmar estrutura subjetiva. Contudo, a experiência de desterritorialidade não permanece e tão logo se organiza, se corporifica. Percebo esses movimentos de ruptura em mim mesmo após essa experiência de Círio no laboratório de narrativas fotográficas, embora capturado – talvez – pelo próprio laboratório e suas lógicas, mas ainda assim não posso negar os deslocamentos provocados com esses encontros.

Os relatos desses participantes apresentam uma visão geral de como o fotografar operou durante o laboratório: o Círio é uma produção coletiva que se atualiza nas diversas práticas que dele são parte, o fotografar é uma. Como produção coletiva, vivenciamos no laboratório experiências semelhantes e experiências outras, muito diferentes das que cada participante carregava consigo. Essa troca, essa vivência produtiva na coletividade operou a produção de olhares, de realidades sobre o Círio com a prática fotográfica, e que emergem nas imagens fotos, mas não se fixa nelas, pois, como bem apontado pela participante Karina: "A partir do momento que você registra ela [a foto] deixa de ser tua. A tua intenção se esvai". A foto como qualquer produção artística já não pertence ao artista, na verdade, jamais pertenceu!

CONSIDERAÇÕES FINAIS

Tratar sobre o tema Círio de Nazaré articulado com a prática fotográfica em uma pesquisa de Psicologia não foi uma tarefa simples, pois as resistências não são poucas, sejam as do campo acadêmico que por vezes não compreende a importância de levar o debate sobre a Psicologia para fora dos muros de um saber mais institucionalizado, sejam as resistências que agem em nós mesmos que dificultam o deslocamento do olhar e da prática e que, frequentemente, nos obrigam a insistir em atividades pouco inventivas.

Essas análises tentaram evidenciar Círios de Nazaré pouco visíveis, mas, sobretudo, tentaram mostrar como e de que forma nossas práticas constituem aquilo que somos e o modo como pensamos. A realização desta fotocartografia constituiu um modo de desmantelar imagens sólidas que recaem sobre a Festividade Nazarena, para entendermos que o olhar e as maneiras como encaramos o mundo já não podem ser tomados como atos naturais e inerentes a qualquer ser humano, pois são efeitos de um processo intenso de subjetivação que opera em nível global.

Desta maneira, a pesquisa também possibilitou compreender que tal como pensar o fotografar e processos de subjetivação atravessados por forças globais, o Círio de Nazaré, por mais que seja considerado uma manifestação própria desta região, não pode se encerrado em análises que enaltecem seu caráter local e que insistem em produzi-lo como identidade cultural. Pode-se observar que o Círio de Nazaré, como qualquer outra manifestação cultural, religiosa etc., como qualquer outro evento que acontece na cidade, em nosso país e no mundo não está isolado das forças que o rodeiam, e para que se compreenda como surge enquanto acontecimento na atualidade é necessário que se lance olhar, principalmente, para as forças que emergem desse encadeamento. Portanto a questão central não seria trabalhar para ratificar identidades regionais, mas nos forçar a pensar como elas são produzidas, porque e de que forma são potencializadas, e como e em quais pontos somos diferentes delas.

A relação com esta pesquisa gerou dois grandes efeitos em mim: o primeiro foi exaustivamente colocado no corpo desta dissertação e diz respeito às experimentações outras do Círio de Nazaré por meio da prática fotográfica, trazendo a ideia de pensar a festividade como uma multiplicidade. O segundo diz respeito às relações que estabeleci com a pesquisa e com a cartografia como método esboçado através de pistas, apontando que, tal como a festividade estudada, a cartografia é também um acontecimento no campo pesquisado, que não acontece sem movimentar o pesquisador e, portanto, não sem afetá-lo. Encerro este momento com o olhar mais sensível e com os ouvidos mais atentos para um campo que vibra com saberes, estéticas e políticas, e que possibilitam-me olhares mais críticos e atuais sobre o mesmo e sobre os espaços que ocupo e que ainda ocuparei, colocando-me em uma outra relação com a cidade e com as práticas culturais que aqui se manifestam.

A criação dessa fotocartografia também foi estratégica no sentido de que me permitiu um encontro de frente com a possibilidade de engendrar caminhos, percursos, realidades e metodologias em coletividade, de reconhecer a importância de produzir em grupos e de exercitar a escuta atenta como forma de aproximação com o(s) outro(s), para repensar, assim, minhas próprias práticas e meus modos de existir no mundo, percebendo meus limites e as viabilidades de superá-los, em movimentos de caminhar com muitos pés juntos – quase indiferenciáveis – tais como os pés que avançam com a corda dos promesseiros em que não mais existe uma relação "eu/tu", mas um corpo que, ao traçar seus caminhos, avança tentando superar os individualismos que dificultam o movimento.

Por fim, entendo que esta dissertação é importante para ampliar as discussões de temas que atravessam a Amazônia, no contexto nacional e global, pensando-as a partir de uma articulação que quebre com as lógicas que estimulam a produção de concepções identitárias regionais, já que as mesmas têm efeitos que alimentam a produção de mais isolamento da região e que, por fim, colaboram para gerar situações de exclusão das populações que não se identificam com os modelos de identidade hegemônicos, favorecendo determinadas formas de existir e pertencer que se aproximam destes modelos, em detrimento e aniquilação das demais.

Imagem 37 – Passos, Trasladação 2014

Fonte: Arthur Santos.

REFERÊNCIAS

ALVES, I. **O Carnaval devoto**: um estudo sobre a festa de Nazaré, em Belém. Petrópolis: Editora Vozes, 1980.

AGAMBEM, G. **O que resta de Auschwitz**: o arquivo e a testemunha. São Paulo: Boitempo, 2008.

AGAMBEM, G. **Profanações**. São Paulo: Boitempo, 2015.

BARROS, E.; KASTRUP, V. Cartografar é acompanhar processos. *In*: **Pistas do método da cartografia – pesquisa intervenção e produção de subjetividade**. Porto Alegre: Sulina, 2009.

BARTHES, R. **A Câmara Clara**: Nota sobre a Fotografia. Tradução: Júlio Castañon Guimarães. Edição especial. Rio de Janeiro: Nova Fronteira, 2012.

BENJAMIN, W. A Obra de Arte na Era de sua Reprodutibilidade Técnica. *In*: **Magia e Técnica, Arte e Política**. Ensaios Sobre Literatura e História da Cultura. Obras Escolhidas. v. 1. São Paulo: Brasiliense, 1987.

BENJAMIN, W. A O narrador. Considerações sobre a obra de Nikolai Leskov. *In*: **Magia e Técnica, Arte e Política**. Ensaios Sobre Literatura e História da Cultura. Obras Escolhidas. v. 1. São Paulo: Brasiliense, 1987.

BENJAMIN, Walter. **O capitalismo como religião**. São Paulo: Boitempo Editorial, 2013.

BURKE, P. **O que é história cultural?** Tradução: Sérgio Goes de Paula. 2. ed. Rio de Janeiro: Jorge Zahar Editora, 2008.

BUTLER, J. **Quadros de Guerra**: Quando a vida é passível de luto? Tradução: Sérgio Lamarão e Arnaldo Marques da Cunha. 4. ed. Rio de Janeiro: Civilização Brasileira, 2018.

CAMPOS, G. W. S. **Um método para análise e cogestão de coletivos**: a constituição do sujeito, a produção de valor de uso e a democracia em instituições: o método da roda. São Paulo: HUCITEC, 2000.

CASTRO, E. **Vocabulário de Foucault**: Um percurso pelos seus temas conceitos e autores. Tradução: Ingrid Müller Xavier. Belo Horizonte: Autêntica Editora, 2009.

DA PONTE, H. M. S. **Do dispositivo ao instituído**: o método da roda em Sobral-CE promove a co-gestão de coletivos? Dissertação (Mestrado) – Centro de Ciências da Saúde, Universidade Estadual do Ceará, 2013.

DELEUZE, G. **Foucault**. Tradução: Cláudia Sant'Anna Martins. São Paulo: Brasiliense, 1988.

DELEUZE, G. **Conversações**. Rio de Janeiro: Editora 34, 1992.

DELEUZE, G. **Foucault**. São Paulo: Brasiliense, 2005.

DELEUZE, G. **A ilha deserta**. São Paulo: Iluminuras, 2006.

DELEUZE, G. **O Que é um Dispositivo?** Disponível em: http://vsites.unb.br/fe/tef/filoesco/foucault/art14.pdf. Acesso em: 11 nov. 2014.

DELEUZE, G. **Diferença e repetição**. Rio de Janeiro: Graal, 2015.

DELEUZE, G.; GUATTARI, F. **Mil platôs**: capitalismo e esquizofrenia I. Rio de Janeiro: Editora 34, 1995.

DELEUZE, G.; GUATTARI, F. **Mil platôs**: capitalismo e esquizofrenia III. Rio de Janeiro: Editora 34, 2007.

DELEUZE, G.; GUATTARI, F. **O que é a filosofia?** São Paulo: Editora 34, 2013.

DELEUZE, G.; PARNET, C. **Diálogos**. Lisboa: Relógio D'Água, 2008.

FLUSSER, V. **Filosofia da caixa preta**. São Paulo: Nova Fronteira, 2002.

FONTCUBERTA, J. **Joan Fontcuberta, el pensador de imágenes**. Direção: Tesis Programa de TV, 2015, Duração: 9'42". Disponível em: https://www.youtube.com/watch?v=tWwRQ3Rwat4. Acesso em: 20 dez. 2015.

FOUCAULT, M. **Microfísica do poder**. Rio de Janeiro: Graal, 2012.

FOUCAULT, M. O que é um autor? *In*: FOUCAULT, Michel. **Estética**: literatura e pintura, música e cinema. Rio de Janeiro: Forense Universitária, 2013. p. 268-302. (Ditos e Escritos III).

FOUCAULT, M. **História da Sexualidade**: O cuidado de si. Tradução: Maria Thereza da Costa Albuquerque. Rio de Janeiro; São Paulo: Paz&Terra, 2014.

FOUCAULT, M. **A verdade e as formas jurídicas**. Rio de Janeiro: Nau, 1996.

FOUCAULT, M. **Vigiar e punir**: a história da violência das prisões. Petrópolis, RJ: Vozes, 1999.

FOUCAULT, M. **As palavras e as coisas**. São Paulo: Martins Fontes, 2002.

FOUCAULT, M. **Arqueologia do Saber**. São Paulo: Forense, 2005.

FOUCAULT, M. **O nascimento da clínica**. 6. ed. São Paulo: Forense, 2008a.

FOUCAULT, M. **Nascimento da Biopolítica**. São Paulo: Martins Fontes, 2008b.

FOUCAULT, M. **Segurança, Território, População**. São Paulo: Martins Fontes, 2008c.

FOUCAULT, M. Conversa com Michel Foucault. *In*: FOUCAULT, Michel. **Repensar a política**. Rio de Janeiro: Forense Universitária, 2010. p. 289-347. (Ditos e Escritos VI).

FRANCO, A. C. F. **Cartografias do Diário do Pará**: um estudo genealógico do acontecimento homicídio contra jovens em um jornal impresso. Dissertação (Mestrado) – Programa de Pós-Graduação em Psicologia, Universidade Federal do Pará, 2012.

GEERTZ, C. **A interpretação das culturas**. 13. reimpr. Rio de Janeiro: LTC, 1997.

GIL, A. C. **Métodos e técnicas de pesquisa social**. 6. ed. São Paulo: Editora Atlas, 2008.

GOMES, P. A. Fotografar: capturar a passagem. *In*: FONSECA, T. M.; NASCIMENTO, M. L.; MARASCHIN, C. (org.). **Pesquisar na diferença**: um abecedário. Porto Alegre: Sulina, 2012.

JÚNIOR, H. R. C. Para que serve uma subjetividade? Foucault, tempo e corpo. **Psicologia**: Reflexão e Crítica, Porto Alegre, v. 18, n. 3, p. 343-349, 2005.

KOSSOY, B. **Fotografia e história**. 2. ed. Cotia, SP: Ateliê Editorial, 2001.

KOSSOY, B. **Realidades e ficções na trama fotográfica**. 3. ed. Cotia, SP: Ateliê Editorial, 2002.

LE GOFF, J. **História e memória**. 5. ed. Campinas: Editora da UNICAMP, 2003.

LIMA, S. F. de; CARVALHO, V. C. Fotografias: usos sociais e historiográficos. *In*: PINSKY, C. B.; LUCA, T. R. de (org.). **O historiador e suas fontes**. São Paulo: Contexto, 2009.

LOMBARDI, K. Documentário Imaginário: reflexões sobre a fotografia documental contemporânea. **Discursos fotográficos**, v. 4, n. 4, p. 35-58, 2008.

MACHADO, R. **Foucault**: a ciência e o saber. Rio de Janeiro: Zahar, 2006.

MAKOWIECKY, S. **Representação: A Palavra, A Ideia, A Coisa.** **Cadernos de Pesquisa Interdisciplinar em Ciências Humanas**, n. 57, 2003.

MEIHY, J. C. S. B. **Manual de história oral**. 4. ed. São Paulo: Loyola, 2002.

MOREIRA, F. G. da S. **Pródromos da Cabanagem**. Belém: Paka-Tatu, 2011.

NEIVA-SILVA, L.; KOLLER, S. H. O uso da fotografia na pesquisa em Psicologia. **Estudos de Psicologia**, v. 7, n. 2, p. 237-250, 2002.

NIETZSCHE, F. **Segunda consideração intempestiva**. Rio de Janeiro: Relume Dumará, 2003.

NIETZSCHE, F. **Assim Falou Zaratrusta**. Tradução: Paulo César de Souza. São Paulo: Companhia das Letras, 2012.

NOBRE, Itamar de Morais. **Revelando os modos de vida da Ponta do Tubarão**: A fotocartografia como uma proposta metodológica. Natal: Ed. UFRN, 2011.

NORA, P. Entre Memória e História: A problemática dos lugares. *In*: Projeto História 10. Tradução: Yara Aun Khoury. **Revista do Programa de Estudos Pós-Graduados em História e do Departamento de História da PUC-SP**, Pontifícia Universidade Católica de São Paulo, São Paulo, 1981.

PANOFSKY, E. **Estudos de iconologia**. Temas Humanísticos na Arte do Renascimento. São Paulo: Editorial Estampa, 1995.

PASSOS, E.; BARROS, L. P. A Cartografia como método de pesquisa-intervenção. *In*: PASSOS, E.; KASTRUP, V.; ESCÓSSIA, L. (org.). **Pistas do método da cartografia**: Pesquisa-intervenção e produção de subjetividade. Porto Alegre: Sulina, 2015.

PASSOS, E.; BENEVIDES, R. A construção do plano da clínica e o conceito de transdisciplinaridade. **Psic Teor. e Pesq.**, Brasília, v. 16, n. 1, p. 71-79, jan./abr. 2000.

PASSOS, E.; ROSSI, A. Análise Institucional: Revisão conceitual e nuances da pesquisa-intervenção no Brasil. **Revista EPOS**, v. 5, n. 1, p. 156-181, jan./jun. 2014.

PRADO FILHO, K.; TETI, M. M. A cartografia como método para as ciências humanas e sociais. **Barbarói**, n. 38, p. 45-49, 2013.

ROUILLÉ, A. **A Fotografia**: Entre documento e arte contemporânea. Tradução: Constancia Egrejas. São Paulo: Senac, 2009.

SONTAG, S. **Sobre Fotografia**. Rio de Janeiro: Editora Companhia das Letras, 2004.

VEYNE, P. Foucault revoluciona a história. *In*: **Como se escreve a história**. Brasília: UNB, 1998.

ÍNDICE REMISSIVO

A

Arraial de Nazaré 25, 28, 30, 33, 71, 78
Associação fotoativa 11, 17, 18, 22, 25, 67, 75, 77, 81, 84, 96

B

Belém 7, 11, 15, 18, 19, 22, 25, 26, 28, 29, 30, 69, 70, 71, 75, 77, 79, 81, 82, 90, 94, 102, 105, 131, 135

C

Carnaval 7, 18, 28, 31, 70, 77, 78, 80, 82, 91, 93, 101, 114, 115, 125, 131
Círio de Nazaré 9, 13, 15, 17, 18, 22, 24, 25, 26, 28, 29, 30, 32, 33, 34, 38, 63, 65, 68, 69, 70, 72, 73, 74, 76, 77, 78, 79, 80, 90, 91, 94, 98, 127
Cultura 15, 16, 26, 32, 36, 37, 62, 63, 80, 84, 85, 87, 91, 123, 131

F

Festa da Chiquita 25, 29, 30, 32, 71, 74, 92, 95, 120
Festividade 17, 18, 19, 26, 27, 28, 29, 30, 32, 33, 34, 38, 39, 40, 63, 64, 65, 67, 68, 70, 71, 73, 74, 75, 76, 90, 91, 92, 94, 103, 107, 112, 114, 124, 125, 127, 128
Fotocartografia 3, 13, 21, 22, 33, 41, 65, 66, 72, 127, 128, 135
Fotografia documental 44, 50, 51, 52, 53, 55, 56, 58, 59, 76, 91, 134

N

Nossa Senhora de Nazaré 18, 19, 25, 27, 28, 32, 33, 64, 68, 69, 80, 90, 94, 124

P

Prática fotográfica 17, 49, 59, 60, 90, 91, 121, 126, 127
Procissão 18, 19, 25, 26, 30, 64, 68, 69, 70, 71, 73, 76, 78, 79, 82, 94, 105, 107, 109, 112, 114, 115, 124
Produção fotográfica 13, 17, 19, 22, 23, 24, 25, 34, 42, 66

R

Romaria 18, 25, 29, 30, 31, 71, 77, 106, 107

S

Subjetividade 18, 20, 24, 36, 131, 134, 135

SOBRE O LIVRO
Tiragem: 1000
Formato: 14 x 21 cm
Mancha: 10,3 x 17,3 cm
Tipologia: Times New Roman 10,5/11,5/13/16/18
Arial 8/8,5
Papel: Pólen 80 g (miolo)
Royal Supremo 250 g (capa)